IMPRESSUM

Die Russische
Kirche in Wiesbaden

✳ Verlag:
Horst Axtmann GmbH
Marktplatz 13
65183 Wiesbaden
Telefon: 06 11 360 98 0
Fax: 06 11 301 303
eMail: info@chmielorz.de
www.chmielorz.de

✳ Herausgeber:
Herus e.V.
Hessisch-russischer
interkultureller Austausch
und humanitäre Hilfe
Parkstr. 15A
65189 Wiesbaden
Telefon: 06 11 392 65
Fax: 06 11 308 374 6
eMail: info@herus-ev.com
www.herus.info

✳ Gestaltung und Layout:
Christian Mieland,
Dipl.-Designer [FH]
Verlag Chmielorz GmbH

✳ Herstellung:
Druckerei Chmielorz GmbH,
Ostring 13 • 65205 Wiesbaden
Telefon: 0 61 22 77 09 01
Fax: 0 61 22 77 09 181
eMail: hallo@chmielorz.de
www.druckerei-chmielorz.de

✳ ISBN 978-3-87124-365-3

✳ © 2013

Das Werk einschließlich seiner Teile ist urheberrechtlich geschützt. Jede Verwertung außerhalb der Grenzen des Urheberschutzgesetzes ist ohne Zustimmung des Herausgebers unzulässig und strafbar. Dies gilt insbesondere für Vervielfältigungen, Übersetzungen, Mikroverfilmung und die Einspeicherung und Verarbeitung in elektronischen Systemen.

DANK AN DIE FÖRDERER

Dieser Bildband wäre ohne die Unterstützung von Förderern nicht entstanden. Für Geldzuwendungen und Zusagen, den vollendeten Bildband in größeren Stückzahlen zu erwerben, danken wir sehr:

[DER HESSISCHEN STAATSKANZLEI]

[DER LANDESHAUPTSTADT WIESBADEN]

[DER NASSAUER SPARKASSE]

[DER WIESBADENER VOLKSBANK]

[DEM RHEIN-MAIN VERKEHRSVERBUND]

Die das Vorhaben auslösende Anschubfinanzierung haben in erheblichem Umfang die Ideengeberin des Bildbandes, Clotilde von Rintelen, ihr Ehemann Enno von Rintelen und ihr Sohn Nicolaus von Rintelen geleistet. Gefolgt von Dr. Alexander de Faria e Castro, der sich nebst seiner Büroorganisation mit großem Zeitaufwand ehrenamtlich für die editorische Verwirklichung des Bildbandes eingebracht hat.

Благодарность за содействие

Издание этого альбома не состоялось бы без поддержки ряда организаций и частных лиц. Выражаем глубокую признательность за финансирование и заранее высказанную готовность приобрести определенное количество экземпляров книги der Hessischen Staatskanzlei, der Landeshauptstadt Wiesbaden, der Nassauer Sparkasse, der Wiesbadener Volksbank, dem Rhein-Main Verkehrsverbund.
На начальном этапе работы определяющим стало финансирование, предоставленное в большом объеме Клотильдой фон Ринтелен, автором идеи этого издания, ее супругом Энно фон Ринтеленом и сыном Николаусом фон Ринтеленом.
Вслед за тем на добровольных началах, с большой затратой времени доктор Александр де Фариа э Кастро внес значительный вклад в подготовку книги к изданию, предоставив для этого и возможности своего бюро.

DIE RUSSISCHE KIRCHE IN WIESBADEN

Wahrzeichen der Verbundenheit

Русская церковь в Висбадене

Herausgegeben von:

HERUS e.V.
Hessisch-russischer interkultureller
Austausch und humanitäre Hilfe

Inhaltsangabe

Geleitwort	**6**	Напутственное слово
Grußworte	**8**	Приветствия
Vorwort	**10**	Предисловие
Vom Herausgeber	**11**	От издателя
Früher: „Griechische Kapelle"…	**12**	В прошлом – «греческая капелла» …
Beziehungen zwischen Nassau und Russland: Blick auf das Schicksal meiner Vorfahren	**18**	Исторические связи Дома Нассау с Россией: взгляд на судьбы моих предков
Kirche und Architektur	**30**	Архитектура храма
Die Gestaltung der Ikonostase	**66**	Иконостас
Ensembleschutz	**76**	Охрана исторического ансамбля
Restaurierungen und Sanierungen	**78**	Реставрация и санация
Kirchenleben	**80**	Церковная жизнь
Zu Ehren der Russischen Kirche	**125**	Посвящается русской церкви
Russischer Friedhof auf dem Neroberg: Einladung zum Spaziergang	**126**	Русский некрополь на Нероберге: приглашение к прогулке
Autoren	**142**	Авторы
Quellen und Literatur	**144**	Источники и литература

Die Russische Kirche in Wiesbaden ist ein Kleinod dieser Stadt und des umliegenden Landes und gleichzeitig eines der hervorragendsten Zeugnisse deutsch-russischer Beziehungen in unserem Land.

Aus traurigem Anlass als Grabkapelle für die allzu jung im Kindbett verstorbene russische Großfürstin und nassauische Herzogin Elisabeth von deutschen Architekten und Baumeistern nach russischen Vorbildern erbaut, ist sie im Laufe der Jahrzehnte zu einer lebendigen Gemeindekirche mit einer großen Ausstrahlung geworden.

Seit ihrer Entstehung in der Mitte des 19. Jahrhunderts hat sie weit über ihre geographische Lage hinaus stets Anziehungskraft für orthodoxe Gläubige verschiedener Nationen gehabt. Im 20. Jahrhundert jedoch wurde sie durch die Verwerfungen der russischen Geschichte zu einem Zufluchtsort für viele aus ihrer Heimat vertriebene Menschen.

Stets überschnitten sich hier russische und deutsche Schicksale. Davon legt nicht nur der Friedhof beredtes Zeugnis ab, sondern vielmehr noch die Matrikelbücher der Kirche. War der Ausgangspunkt für die Errichtung dieser Kirche eine deutsch-russische Ehe, so folgten im Laufe der über 150-jährigen Geschichte viele Taufen von Kindern, die ähnlich zusammengesetzten Ehen entstammten. Die Kirche und ihr Umfeld inspirierten deutsche wie russische Künstler, von denen einige auch hier ihre letzte Ruhestätte fanden. Deutsche Übersetzungen kirchenslawischer und russischer Texte entstanden hier und fanden ihre Anwendung im lebendigen Gebrauch der Kirche weit über Wiesbaden oder Hessen hinaus.

So ist diese Kirche zum geistlichen Schnittpunkt für vielfältige kulturelle Begegnungen und Initiativen geworden. Adlige und Künstler, Präsidenten und Handwerker und einfache Gläubige bringen hier ihre Gebete vor den Altar des Allerhöchsten.

Private Stiftungen und deutsche staatliche Institutionen sowie einzelne Bürger haben in den Jahrzehnten unendlich Großes geleistet, um dieses Wiesbadener Kleinod zu erhalten oder in seiner ursprünglichen Schönheit wiederherzustellen.

Möge auch dieser mit großer Liebe gestaltete Bildband dazu beitragen, die geistliche und kulturelle und nicht zuletzt völkerverbindende Bedeutung dieser wunderbaren Kirche festzuhalten und kommenden Generationen zu überliefern.

В центре Германии, на лесистом холме над курортным городом Висбаден, величественно возвышается русский православный храм св. прав. Елисаветы, возведенный в традициях русского церковного зодчества. Эта прекрасная церковь стала не только украшением Висбадена и его окрестностей, но и одним из выдающихся памятников давних и добрых немецко-русских отношений в этой стране.

Храм был воздвигнут в середине 19 века по повелению Нассауского герцога Адольфа-Вильгельма, скорбевшего о безвременной кончине своей супруги, юной герцогини Нассауской, урожденной русской Великой княжны Елисаветы Михайловны Романовой. Строили храм немецкие мастера по проекту немецкого архитектора Филиппа Хофманна, хорошо знакомого с русским храмостроительством.

Свято-Елисаветинская церковь с самого момента ее основания привлекала православных христиан разных национальностей со всей округи. В 20 же веке она стала духовным прибежищем для многочисленных изгнанников из России, вынужденных покинуть родину в годину тяжких испытаний. Здесь всегда переплетались русские и немецкие судьбы: об этом свидетельствуют не только надписи на надгробьях расположенного неподалеку от храма православного кладбища, но и, в большей степени, метрические книги висбаденского прихода. За более чем 150-летнюю историю прихода в Свято-Елисаветинском храме крестили множество детей, рожденных от русско-немецких браков, подобных браку Великой княжны Елисаветы с Нассауским герцогом.

Храм и его живописные окрестности не раз вдохновляли русских художников, некоторые из них упокоились здесь же на православном кладбище.

Немецкие переводы церковно-славянских и русских текстов, сделанные клириками и уче-ными прихожанами висбаденского храма, нашли свое применение далеко за пределами Висбадена и Гессена. Таким образом храм св. прав. Елисаветы стал духовным средоточием многоразличных культурных встреч и начинаний. Священнослужители и миряне, аристократы и ремесленники, художники и президенты приносят здесь свои молитвы перед престолом Всевышнего.

На протяжении последних десятилетий частные фонды и немецкие государственные учреждения, а также отдельные лица много потрудились для того, чтобы восстановить и сохранить эту великолепную церковь, общее сокровище наших народов, в ее изначальном благолепии.

Надеемся, что и настоящий альбом, составленный с большой любовью, послужит свидетельством значения этого величественного храма для взаимопонимания народов и сохранит опыт такого взаимопонимания и благотворного сотрудничества для будущих поколений

Berlin–München, im Februar 2013

+MARK

Erzbischof von Berlin und Deutschland

+МАРК

Архиепископ Берлинский и Германский

GRUSSWORT

Die russisch-orthodoxe Kirche der heiligen Elisabeth in Wiesbaden ist ein beeindruckendes Bauwerk des 19. Jahrhunderts, das mit seinen fünf vergoldeten Kuppeln weithin sichtbar über der Landeshauptstadt leuchtet. Es ist Gotteshaus und Touristenmagnet gleichermaßen. Die architektonische Meisterleistung, die Fresken im Innern und nicht zuletzt seine Geschichte sind Grund genug für diese längst überfällige bildliche Würdigung.

Hessen hat sich stets um ein gutes Miteinander und die Pflege der jahrhundertealten Verbindungen mit Russland bemüht. Der vorliegende Bildband soll die religiöse, historische und architektonische Bedeutung unterstreichen und zugleich die guten hessisch-russischen Beziehungen weiter festigen.

Ich danke daher dem „Verein für hessisch-russischen interkulturellen Austausch und humanitäre Hilfe (HERUS e.V.)" für seinen unermüdlichen Einsatz, der neben dem Hessisch-Russischen Kulturfestival und vielem anderen mehr nun auch den hier vorliegenden, sehr sehenswerten Bildband erarbeitet hat.

Русская православная церковь Святой Елисаветы в Висбадене – впечатляющий памятник XIX столетия, ее пять золотых куполов издалека сверкают над столицей земли Гессен. Это и храм, и достопримечательность, как магнит притягивающая туристов. Мастерство архитектора, росписи интерьера и, не в последнюю очередь, история церкви – достаточный повод для давно ожидаемого иллюстрированного издания.

Земля Гессен постоянно прилагала усилия к сохранению дружественных многовековых связей с Россией. Представляемый альбом должен подчеркнуть религиозное, историческое и культурное значение контактов двух народов и одновременно способствовать укреплению хороших гессенско-российских отношений.

Я благодарю за неутомимую деятельность общество HERUS (Гессенско-российский межкультурный обмен и гуманитарная помощь), которое помимо организации Гессенско-Российского фестиваля культуры и многих других мероприятий теперь стало издателем этого замечательного альбома.

Wiesbaden, im Februar 2013

Volker Bouffier
Hessischer Ministerpräsident

Фолькер Буфье
министр-президент земли Гессен

GRUSSWORT

Der gemeinnützige Verein HERUS e.V. fördert seit Jahren die deutsch-russischen Beziehungen durch kulturell bedeutende Veranstaltungen und Aktivitäten in beiden Ländern. Jetzt wurde ein weiteres wichtiges Projekt durch den Verein umgesetzt: die Veröffentlichung des repräsentativen und hochwertigen Bildbandes „Die Russische Kirche in Wiesbaden – Wahrzeichen der Verbundenheit".

Die russisch-orthodoxe Kirche ist eines der bekanntesten Wahrzeichen Wiesbadens. Weithin sichtbar, ist sie seit über 150 Jahren der Glanzpunkt auf dem Neroberg, und in ihrer Ausstattung zählt sie zu den kostbarsten Sakralbauten unserer Stadt.

Mit der Kirche verbinden die Wiesbadenerinnen und Wiesbadener viele unvergessliche Erinnerungen und ganz persönliche Erlebnisse. Für die Besucher aus aller Welt ist sie aber auch untrennbar mit einer der schönsten und zugleich tragischsten Liebesgeschichten verbunden. Die russische Großfürstin Elisaweta Michailowna heiratete im Januar 1844 in St. Petersburg den Herzog Adolph von Nassau. Keine zwei Monate später wurde das Brautpaar nicht nur euphorisch in Wiesbaden begrüßt, sondern ab sofort residierten sie im Schloss Biebrich. Leider währte das große Glück nicht lange, denn noch vor dem ersten Hochzeitstag starb die Herzogin bei der Geburt ihres ersten Kindes. In seiner unendlichen Trauer ließ Herzog Adolph von Nassau die russisch-orthodoxe Kirche auf dem Neroberg als Grabstätte für seine Frau bauen.

> »Wer in der Zukunft lesen will, muss in der Vergangenheit blättern.«
> André Malraux

Für den Verein ist es wichtig, nicht ein weiteres Buch über die Russische Kirche und ihre interessante Geschichte herauszugeben, sondern dem Betrachter des Bildbandes eine neue Sicht auf Form und Inhalt dieses einzigartigen Bauwerkes zu eröffnen.

Wiesbaden ist eine Stadt mit hoher Lebensqualität und einer ganz besonders schönen Architektur. Und dazu gehört natürlich die russisch-orthodoxe Kirche auf dem Neroberg, die durch diesen herrlichen Bildband außerordentlich gewürdigt wird. Dafür bedanke ich mich sehr herzlich bei HERUS e.V. und seinem Vorsitzenden Dr. Alexander de Faria e Castro sowie bei allen Unterstützern.

Viel Spaß beim Lesen und Blättern.

Некоммерческое объединение HERUS e. V. многие годы содействует развитию немецко-российских отношений, проводя значительные культурные мероприятия в обеих странах. В настоящее время завершен следующий важный проект: публикация представительного альбомного издания «Русская церковь в Висбадене – связующий символ».

Русская православная церковь является одним из самых известных символов Висбадена. Более 150 лет отовсюду открывается вид на это превосходное сооружение на Нероберге, которое по праву занимает почетное место среди особо драгоценных памятников церковного зодчества в нашем городе.

Висбаденцы связывают с этой церковью многие незабываемые воспоминания. Для приезжающих в Висбаден со всего мира эта церковь связана с одной из самых красивых и трагических историй любви. Русская великая княгиня Елизавета Михайловна вышла замуж в Петербурге за герцога Адольфа фон Нассау, была встречена в Висбадене с большим ликованием и поселилась во дворце в Бибрихе, но счастье длилось недолго. Не дожив до первой годовщины свадьбы, она скончалась при рождении ребенка. В безутешном трауре герцог Адольф построил русскую православную церковь на Нероберге как надгробный храм своей жены.

> »Кто хочет прочесть будущее, должен перелистать прошлое.«
> Андре Мальро

Обществу HERUS e. V. важно было не просто предпринять издание еще одной книги о русской церкви и ее интересном прошлом, а дать возможность читателю альбома по-новому взглянуть на архитектурные достоинства и историю неповторимого здания.

Висбаден – город высокого жизненного уровня и особенно красивой архитектуры, что в полной мере относится к русской православной церкви на Нероберге, которая в этом превосходном альбоме получает чрезвычайно высокую оценку. За это я сердечно признателен обществу HERUS e. V., его председателю д-ру Александру де Фариа э Кастро и всем тем, кто оказал поддержку настоящему изданию.

Желаю вам получить удовольствие, читая и листая этот альбом.

Wiesbaden, im Februar 2013

Dr. Helmut Müller
Oberbürgermeister

Д-р Хельмут Мюллер
обербургомистр

VORWORT

VORWORT Der Herausgabe dieses Buches über die russisch-orthodoxe Kirche der hl. Elisabeth liegt die Intention zugrunde, das Wahrzeichen der Landeshauptstadt Wiesbaden auf dem Neroberg auch als ein Symbol der Verbundenheit zwischen Russen und Deutschen zu dokumentieren. Kein anderes Bauwerk in Wiesbaden und darüber hinaus spiegelt die über Jahrhunderte dauernden freundschaftlichen deutsch-russischen Beziehungen so nachdrücklich wider, wie das vom nassauischen Baumeister Philipp Hoffmann ursprünglich als Grabkapelle für die Großfürstin Elisaweta Michailowna konzipierte architektonische Kleinod.

Dem Grundgedanken der Verbundenheit folgend, behandeln kompetente Autoren als thematische Schwerpunkte die Beziehungen zwischen dem Herzogtum Nassau und Russland, das Leben der russisch-orthodoxen Gemeinde von den Anfängen bis heute, die byzantinisch-russischen Wurzeln der Kirchenarchitektur und den Friedhof mit den Gräbern bedeutender Persönlichkeiten der deutsch-russischen Geschichte.

Anlässlich des „Petersburger Dialogs", der alljährlich deutsche und russische Politiker und Wirtschaftsvertreter unter Bürgerbeteiligung zu Konsultationen über die Förderung der Beziehungen zwischen den beiden Staaten zusammenführt, bezeichnete Michail Gorbatschow im Oktober 2007 bei der Besichtigung der Russischen Kirche und der dort gerade stattfindenden Sanierungsarbeiten das Gotteshaus und seine Geschichte als ein ausgezeichnetes Beispiel der kulturellen Übereinstimmungen, der gegenseitigen Wertschätzung und der Freundschaft zwischen Deutschland und Russland.

Möge unser Bildband als ein Beitrag für die Weiterentwicklung der Verständigung zwischen den beiden Völkern verstanden werden.

ПРЕДИСЛОВИЕ Издание альбома, посвященного православной церкви Святой Праведной Елисаветы, предпринято нами с намерением продемонстрировать, что русский храм на Нероберге является не только символом Висбадена, но и олицетворением связи между русскими и немцами.

Ни один памятник в столице земли Гессен так убедительно не воплощает существовавшие многие столетия дружеские немецко-российские отношения, как возведенный нассауским архитектором Филиппом Хофманом надгробный храм русской великой княгини и нассауской герцогини Елизаветы. Эта церковь стала подлинной архитектурной жемчужиной.

Следуя основополагающей идее книги, компетентные авторы помимо многих других аспектов уделяют основное внимание отношениям между Нассау и Россией, византийско-русским корням храмового зодчества, жизни православного прихода с начала до сегодняшнего дня и русскому кладбищу, где покоятся останки многих известных деятелей в немецко-российской истории.

В 2007 году в Висбадене состоялся форум «Петербургский диалог», который ежегодно проходит в различных городах Германии и России. С участием представителей гражданского общества политики обеих стран проводили консультации о дальнейшем развитии контактов. Михаил Горбачев, посетивший русскую церковь во время ее реставрации, отметил, что воспринимает эту работу как выразительное свидетельство общности наших культурных ценностей, нашей дружбы и взаимного уважения наших народов.

Хочется надеяться, что наш альбом будет воспринят как вклад в дальнейшее развитие взаимопонимания и дружбы между Германией и Россией.

Wiesbaden, im Februar 2013

Dr. Alexander de Faria e Castro
Erster Vorsitzender HERUS e. V.

Д-р Александр де Фариа э Кастро
первый председатель общества HERUS e.V.

Clotilde von Rintelen
Zweite Vorsitzende HERUS e. V.

Клотильда фон Ринтелен
второй председатель общества HERUS e.V.

VOM HERAUSGEBER

VOM HERAUSGEBER Bei der Fassung der Artikel „Früher: Griechische Kapelle...", „Kirchenleben" und „Russischer Friedhof..." leistete Erzbischof Mark wertvolle Hilfe, wofür wir herzlich danken.

Erzpriester Dmitrij Graf Ignatiew, Priester Alexander Zaitsev und seiner Frau Lija sowie Oleg Schestakoff und Maja Speranskij sind wir für ihre Unterstützung sehr verbunden.

Unser Dank gilt auch Herrn Dipl.-Ing. Architekten Wilhelm Würtz (Projektleiter der Sanierung und Restaurierung der Russischen Kirche) und Frau Dr. Brigitte Streich (Stadtarchiv Wiesbaden) für ihre Anregungen.

Die russischen Artikel in diesem Bildband sind keine Übersetzungen, sondern verkürzte Inhaltsangaben der deutschen Fassung, bearbeitet von Marina Werschewskaja, Dr. Alexander de Faria e Castro und Elena Shestakova.

Die von Marina Werschewskaja auf Russisch verfassten Artikel sind von Dr. Alexander de Faria e Castro in deutscher Sprache wiedergegeben.

Die Umschrift der kyrillischen in lateinische Schrift beruht auf der in Deutschland üblichen Transkriptionsweise bzw. der in offiziellen Dokumenten verwendeten Schreibweise von Eigennamen. Soweit in früherer Zeit bei russischen Namen die französische gebräuchlich war und sich auf dem russischen Friedhof wiederfindet, ist diese Schreibweise belassen worden.

Um die Einheitlichkeit der zweisprachigen Fassungen zu wahren, sind Familiennamen historischer russischer Persönlichkeiten, auch wenn sich ihre Schreibweise in Deutschland etwas anders gestaltet, auf ihren russischen Ursprung zurückgeführt (z. B. nicht Elisabeth Michailowna, sondern Elisaweta Michailowna).

От издателя За любезную помощь в редактировании разделов «В прошлом – Греческая капелла...», «Церковная жизнь» и «Русское кладбище» выражаем глубокую благодарность владыке Марку. За содействие в работе – признательность протоиерею Дмитрию графу Игнатьеву, отцу Александру Зайцеву и матушке Лии Зайцевой, Олегу Шестакову и Мае Сперанской.

Мы благодарим дипломированного инженера и архитектора Вильгельма Вюрца, главного архитектора реставрации русской церкви, а также д-ра Бригитте Штрайх, директора Городского архива Висбадена.

Русские статьи в этом альбоме не являются переводами, а сокращенно передают основное содержание немецких. Над ними работали Марина Вершевская, д-р Александр де Фариа э Кастро и Елена Шестакова. Статьи Марины Вершевской воспроизведены на немецком языке д-ром Александром де Фариа э Кастро.

Написание букв русского алфавита латиницей основывается на общепринятых в Германии правилах. В прежние времена использовали французскую транскрипцию русских имен и фамилий, что запечатлено в эпитафиях на русском кладбище в Висбадене. Эту традицию мы сохранили в настоящем издании. Для единообразия двуязычных текстов исторические личности именуются так, как принято на русском языке, даже если их обычно пишут по-немецки иначе (например, Elisaweta, а не Elisabeth).

FRÜHER: »GRIECHISCHE KAPELLE«

Dr. Alexander de Faria e Castro und Marina Werschewskaja

HEUTE: »RUSSISCHE KIRCHE«

※ FRÜHER »GRIECHISCHE KAPELLE« ※

Die russisch-orthodoxe Kirche der hl. Elisabeth in Wiesbaden hieß früher Griechische Kapelle. Belege hierfür sind der amtliche Schriftverkehr während ihrer Errichtung, Grundrisse, Umschlagseiten der ersten Reiseführer und die Beschriftung von Kunststichen, welche die neu erbaute Kirche darstellen.

Diese Bezeichnung hatte sich eingebürgert und blieb über viele Generationen bis in die jüngste Zeit in Wiesbaden erhalten. Russische Kreise vermochten weder früher noch können sie diese heute mit der Russischen Kirche auf dem Neroberg in Einklang bringen.

Die Erklärung für die etwas irreführende Benennung Griechische Kapelle führt uns zurück zu den Anfängen des Christentums in Russland. Im Jahr 988 ließ Fürst Wladimir die Kiewer Rus orthodox taufen. Ehe es dazu kam, hatte er Gesandte ausgeschickt, um die Religionen anderer Länder kennen zu lernen und zu vergleichen. So empfing er in Kiew auch Kirchenvertreter und Diplomaten aus Konstantinopel, dem Zentrum des griechisch-orthodoxen Glaubens.

In jener Zeit begann sich im Christentum ein Chisma zu entwickeln: im Westen des römischen Reiches die römisch-katholische Kirche mit ihrem Mittelpunkt in Rom, im Osten des römischen Reiches die byzantinische orthodoxe Kirche mit ihrem Mittelpunkt in Konstantinopel, Hauptstadt des zu jener Zeit mächtigsten christlichen Reiches Byzanz.

Mehrere Gründe veranlassten Fürst Wladimir, sich für die byzantinische Religionsrichtung, d. h. die orthodoxe Kirche, zu entscheiden. Nicht zuletzt war es die Pracht des byzantinischen Gottesdienstes. Nach den Worten eines Geschichtsschreibers waren in „Zargrad", so nannten die Slawen zu jener Zeit Konstantinopel, die Gesandten des Fürsten überwältigt von der überirdischen Schönheit der Kirchen und dem Glanz der Gottesdienste. Als Folge der Taufe seines Landes wurde Fürst Wladimir als „apostelgleicher" Heiliger verherrlicht und gilt seither als einer der bedeutendsten russischen Heiligen. Seine Ikone befindet sich auch auf der Ikonostase der Russischen Kirche in Wiesbaden.

Byzanz war bereits zu Zeiten des Römischen Reiches ein Zentrum griechischer Kultur und Sprache. Von hier empfing die Kiewer Rus ihren Glauben, seither war in Russland das offizielle Glaubensbekenntnis aller orthodoxen Christen griechisch-orthodox.

Das griechische Wort „ὀρθοδοξία" bedeutet in der russischen Sprache „richtige Lehre" bzw. „richtige Lobpreisung". Daraus entstand später im russischsprachigen Raum als offizielle und allgemein übliche Bezeichnung des russisch-orthodoxen Glaubens „Rechtgläubige Religion" oder „Rechtgläubige Kirche" oder „Rechtgläubigkeit" (Prawoslawie). Die Zusammensetzung russisch-orthodox war zunächst nicht gebräuchlich, was gegenwärtig durchaus der Fall ist.

In den ersten fünf Jahrhunderten ihrer Geschichte war die russische Kirche ein von einem Metropoliten geleiteter Teil des Patriarchats von Konstantinopel. Danach wurde sie Ende des 16. Jahrhunderts als eigenständiges Patriarchat unabhängig.

Im Jahr 1721 hat Peter I. das Patriarchat abgeschafft. An seine Stelle trat bis 1918 als oberstes kanonisches Organ eine unabhängige Synode, ansässig in der seinerzeitigen Hauptstadt St. Petersburg. Dieser „Heiligsten Synode" unterstand die geistliche Führung der russischen Kirche. Sie setzte russische Geistliche im Ausland ein, so auch an der Russischen Kirche in Wiesbaden, obwohl deren Lebensunterhalt vom Russischen Ministerium für auswärtige Angelegenheiten getragen wurde. Ihr geistliches Oberhaupt war der Metropolit von St. Petersburg.

Anlässlich der Verwerfungen der Revolution von 1917 und des russischen Bürgerkrieges befanden sich in der großen ersten Welle der Emigration zahlreiche Priester und Bischöfe der russisch-orthodoxen Kirche. Sie nahmen die Gemeinschaften der Emigranten in ihre pastorale Obhut. Anfang der zwanziger Jahre ist eine neue unabhängige Kirchenverwaltung in der Emigration entstanden. Diese war keineswegs einheitlich, was sich in vollem Umfang in der Geschichte der Emigrationsperiode der Russischen Kirche widerspiegelt.

Postkarten Anfang des 20. Jahrhunderts ✳ Почтовые открытки начала XX века

Heiliger Konstantin, erster christlicher Kaiser. Ikone aus der Ikonostase der Russischen Kirche, gemalt von T. Neff in St. Petersburg 1851–1854

Святой Константин, первый император - христианин. Икона из иконостаса русской церкви в Висбадене. Т. Нефф. 1851–1854. С.-Петербург

Bis Ende der 1930er Jahre gehörte die Russische Kirche in Wiesbaden dem Zweig der Emigrantenkirche an, der sich unter Führung des Metropoliten Ewlogij dem Patriarchat von Konstantinopel unterstellt hatte. Danach schloss sie sich dem Zweig an, der sich als russische-orthodoxe Kirche im Ausland konstituiert hatte, deren Autorität fast sämtliche russischen Kirchen in Deutschland anerkannt haben.

Anfangs befand sich die höchste Führungsebene der russischen Auslandskirche in Serbien, nach dem Zweiten Weltkrieg zeitweilig in München und später in den Vereinigten Staaten in New York. Die Russische Kirche in Wiesbaden gehört heute innerhalb der russisch-orthodoxen Kirche im Ausland zur Diözese von Berlin und Deutschland unter der Führung von Erzbischof Mark von Berlin und Deutschland.

Als oberstem Hirten von Berlin, Deutschland und Großbritannien fiel Bischof Mark eine bedeutende Rolle bei dem sich Ende des 20. und Anfang des 21. Jahrhunderts anbahnenden Dialog zwischen der russischen Auslandskirche und dem Patriarchat in Moskau zu. Ab dem Jahr 2000 hatte er den Vorsitz der Kommission zu Fragen der Einheit der russischen Kirche inne. Im Jahr 2003 führte er die Kommission der russisch-orthodoxen Kirche im Ausland bei den Verhandlungen mit dem Moskauer Patriarchat. Sie endeten im Mai 2007 mit der Annahme eines Akts, der die kanonische Einheit beider Teile der einen Russischen Kirche feststellt.

An dieser Stelle sei darauf hingewiesen, dass sich bis in die heutige Zeit die Feiertage der russisch-orthodoxen Kirche nach dem julianischen Kalender richten. Im Unterschied dazu wurde in Russland im Jahr 1918 die Zeitrechnung nach Maßgabe des in den übrigen europäischen Staaten gebräuchlichen gregorianischen Kalenders eingeführt. Nach diesem Kalender richten sich sämtliche Daten in diesem Bildband.

Ausgangspunkt unserer Betrachtung war die Bezeichnung Griechische Kapelle, wobei wir dem Ursprung des Bestandteils griechisch nachgegangen sind. Indes war und ist auch der weitere Bestandteil Kapelle für russische Kreise in dem gegebenen Zusammenhang ungewohnt. In Westeuropa wird diese Bezeichnung für Kirchen in Palästen, Schlössern und Andachtsstätten bedeutender Familien benutzt. Im russischen Sprachgebrauch ist eine Kapelle ein Andachtsort für kleinere gelegentliche Gottesdienste, nicht aber Gemeindegottesdienste. So kann man sagen, dass die Kirche auf dem Neroberg zunächst als Grabkapelle konzipiert wurde, sich dann aber in eine Gemeindekirche verwandelte.

Im Ergebnis kann festgestellt werden, dass in der heutigen Zeit die Kirche auf dem Neroberg in Wiesbaden als russisch-orthodoxe Kirche der hl. Elisabeth und abgekürzt im allgemeinen Gebrauch Russische Kirche (früher Griechische Kapelle) bezeichnet wird.

В ПРОШЛОМ – «ГРЕЧЕСКАЯ КАПЕЛЛА» ...

д-р. Александр де Фариа э Кастро и Марина Вершевская

В Висбадене русскую православную церковь на горе Нероберг с самого начала именовали «Греческой капеллой». Объяснение столь непривычного для русских названия напоминает о том, как в прошлом называлось православное вероисповедание в России: «греко-российская вера».

Киевская Русь в 988 году приняла крещение от Византии, когда там, на востоке Римской империи, оформилась одна из ветвей христианства – православие. Из-за преобладания в Византии греческого языка и культуры православие называли «греческой верой». Не удивительно поэтому, что для немцев православная супруга герцога Адольфа фон Нассау — русская великая княгиня Елизавета Михайловна — была греческой веры, а воздвигнутая на ее могиле церковь называлась греческой.

Поскольку в нашей книге речь идет об одном из русских храмов, возникших за пределами отечества в середине XIX века, то следует сказать, что служившее за рубежом православное духовенство в церковном отношении подчинялось Святейшему Синоду и митрополиту Санкт-Петербургскому, в то время как содержание эти священники получали от светской власти – Министерства иностранных дел.

После революционных потрясений 1917 года и Гражданской войны окормление эмигрантской паствы взяли на себя оказавшиеся в изгнании священнослужители. В начале 1920-х годов оформилось и новое самостоятельное управление приходами русской эмиграции. Оно не было единым. В полной мере эта ситуация нашла отражение в жизни висбаденской церкви. До конца 1930-х годов храм находился в юрисдикции Западноевропейского экзархата во главе с митрополитом Евлогием, подчинявшимся Вселенскому Константинопольскому Патриарху. Затем храм перешел в юрисдикцию Русской Православной церкви заграницей, полномочия которой признали тогда большинство русских приходов в Германии. Первоначально центр Русской Зарубежной Церкви был в Сербии. После Второй мировой войны – в Америке, в Нью-Йорке. Под юрисдикцией Русской Зарубежной Церкви и сейчас находится православная церковь в Висбадене, которая входит в состав Германской епархии.

На рубеже XX и XXI веков в начавшемся диалоге Русской Зарубежной Церкви с Московским Патриархатом видная роль принадлежала архиепископу Берлинскому, Германскому и Великобританскому Марку, настоятелю русской православной церкви в Висбадене. С 2000 года он являлся председателем Комиссии по вопросам единства Русской Церкви, с 2003 года возглавлял Комиссию Русской Православной церкви заграницей на переговорах с Московским патриархатом, завершившихся в мае 2007 года принятием Акта о каноническом общении – документа, провозгласившего объединение церквей.

Стоит заметить, что Русская православная церковь до сих пор отмечает праздники по юлианскому календарю (так называемый старый стиль), в то время как Россия с 1918 года перешла на григорианский (новый стиль), принятый и в европейских странах. В нашей книге все даты приведены по новому стилю.

Необходимо объяснить и другую часть бытовавшего долгие годы в Висбадене названия русского храма на Нероберге – «капелла». В православии для обозначения какого-либо типа церковного здания этот термин не употребляется. В Западной Европе капеллой именовали небольшую часовню, домашнюю церковь в замке или во дворце либо отдельное помещение с гробницей в интерьере большого храма.

Подводя итог, скажем, что в настоящее время в Висбадене принято называть храм на Нероберге в соответствии с его официальным названием - Русская православная церковь Святой Праведной Елисаветы. Память о распространенном прежде наименовании сохранила ведущая к храму улица – Kapellenstrasse.

Heiliger Fürst Wladimir, Täufer der Kiewer Rus. Ikone aus der Ikonostase der Russischen Kirche, gemalt von T. Neff in St. Petersburg 1851–1854

✳ *Святой Владимир, князь – Креститель Руси. Икона из иконостаса русской церкви в Висбадене. Т. Нефф. 1851–1854. С.-Петербург*

BEZIEHUNGEN ZWISCHEN NASSAU UND RUSSLAND:
BLICK AUF DAS SCHICKSAL MEINER VORFAHREN

Alexander von Rintelen

Der Kontext guter Beziehungen der Nassauer zu Russland war menschlicher, wissenschaftlicher, wie auch militärischer und politischer Art. Pionier der russisch-nassauischen Beziehungen war Zar Peter I. (1672–1725). Er verfolgte seit seiner Jugend die Vision, Russland eine eigene Marine zu geben, hörte von niederländischen Seeleuten über Wilhelm III. von Nassau-Oranien (1650–1702) und verehrte den Generalstatthalter der Niederlande als größten Helden seiner Zeit. Im März 1697 brach Zar Peter mit einer großen Gesandtschaft über Riga, das Herzogtum Kurland und das Kurfürstentum Brandenburg in Richtung Niederlande auf. In Brandenburg versprachen sich Kurfürst Friedrich III. und Zar Peter gegenseitige Hilfe beim Kampf gegen ihre Feinde; Peter I. versprach Kurfürst Friedrich Unterstützung bei dessen Bemühungen, vom Kaiser in Wien zum König ernannt zu werden und erhielt beim Oberingenieur der brandenburgischen Streitkräfte, Oberst von Sternfeld, Einblicke in das Artilleriewesen, Theorie und Praxis der Ballistik und eine Meisterurkunde darüber ausgestellt. Weiter ging die Reise in die Niederlande, wo Peter in Zaandam, Amsterdam, dann auch in den Londoner Docks in England das Handwerk eines Schiffszimmermannes erlernte und verschiedenste Kenntnisse westlicher Wissenschaften gewann. Begegnungen mit seinem politischen Vorbild, Statthalter Wilhelm III., hatte Zar Peter zwei – zuerst eine in Utrecht (privater Natur) und später ein offizielles Treffen am 23. Januar 1698 mit Wilhelm von Oranien als König von England im Kensington Palace, wo Peter auch der 33-jährigen englischen Thronerbin Prinzessin Anna vorgestellt wurde.

Einzug Herzog Adolphs und der Herzogin Elisaweta in Wiesbaden am 26. März 1844, Lithografie Ph. Hoffmanns ✹ *Въезд герцога Адольфа и герцогини Елизаветы в Висбаден 26 марта 1844 года. Литография Ф. Хофмана*

Wesentlich später kam Prinz Karl Heinrich Nikolaus Otto von Nassau-Siegen (1745–1808) nach St. Petersburg; er gehörte zur engeren Umgebung Kaiserin Katharinas II. (der Großen) von Russland, wurde 1783 zum Vizeadmiral ernannt und erlangte 1788 durch seinen bedeutsamen Sieg über die weit überlegene türkische Schwarzmeerflotte bei Otschakow militärischen Ruhm. Auch andere Wissenschaftler als die militärischen spielten ihre Rollen. Ein Gründungsmitglied der Universität Moskau stammte aus Wiesbaden-Schierstein, nämlich Philipp Heinrich Dilthey (1723–1781); der Professor des Rechts plante im Jahr 1764 für Russland eine Bildungsreform. Aus ganz Deutschland, aus nassauischen Gebieten und auch aus dem Wiesbadener Raum reisten Gelehrte, Mediziner, Diplomaten und Militärs in das russische Zarenreich. Unter ihnen war auch Karl Freiherr vom Stein (geb. 1757 zu Nassau an der Lahn, gest. 1831), einer der bedeutendsten Staatsmänner und Reformer seiner Zeit, welcher 1812 von Kaiser Alexander I. als Berater an den Zarenhof zu St. Petersburg gerufen worden war. Vordem war der berühmte Schriftsteller und Historiograph Nikolaj Karamzin 1789/90 nach Wiesbaden gekommen. Die ersten Russen aber, welche in größerer Zahl in das Herzogtum Nassau kamen und bleibende Eindrücke hinterließen, waren verschiedene Einheiten der Kavallerie, Infanterie und der Pioniere, welche die Reste jener Grande Armée Napoleons, die Russland hatte erobern sollen, vor sich her trieben und über den Rhein hinweg verfolgen sollten.

Am 2. November 1813 zog sich das napoleonische Militär bei Kastel noch geordnet über den Rhein nach Mainz zurück; am 3. November flüchteten sich die letzten französischen Marodeure mit dem Ruf „Les Cosaques!" aus der Stadt Wiesbaden; diese aber folgten den Franzosen schon auf den Fersen, fingen die Flüchtigen ein und bekamen Quartier im Kasteler Feld zwischen Kostheim und Kastel zugewiesen. Am Abend des 5. November 1813 sind um die 5.000 Kosaken vor der Stadt dokumentiert, welche die Nacht über ihr Lager aufschlugen. Nach Durchzug dieser Vorhut wurden Wiesbaden und Umgebung Sammelplatz all jener Truppen, welche für die Einschließung der Festungsstadt Mainz vorgesehen worden waren. Der russische Oberbefehlshaber Fürst Schtscherbatow persönlich zog mit einem Kosakenkorps nach Wiesbaden; und also war die ganze Stadt voller Soldaten und Pferde. Verschiedenste Einheiten überquerten den Rhein, befreiten die Stadt Mainz und schoben die Front weiter in französisches Territorium hinein. Verwundete und Erschöpfte durften in den rückwärtigen Städten bleiben. Ende des Jahres 1813 waren noch 700 Mann russische Infanterie in Wiesbaden stationiert. Neujahr 1814 zogen wieder größere Verbände durch Wiesbaden und über den Rhein hinweg. Am 1. Februar 1814 zog das verbliebene russische Militär ab, nachdem das nassauische Offizierskorps zuvor einen Ball zu Ehren der Russen gegeben hatte. Beide Seiten vertrugen sich gut.

Als der alliierte Feldzug am 30. März 1814 vor den Toren der französischen Hauptstadt angekommen war, verhinderte Zar Alexander I. durch sein persönliches Erscheinen und entsprechende Befehle eine Plünderung der Stadt. Auch Napoleon wurde aus kaiserlichem Großmut fair behandelt, was sich noch als Fehler erweisen sollte, denn der Korse kam wieder. Diese Situation veranlasste Herzog Friedrich August von Nassau, alle vorhandenen und verfügbaren Truppen dem alliierten Heer zur Verfügung zu stellen, um Napoleon entscheidend zu schlagen. Das herzoglich-nassauische 2. Regiment kämpfte am 16. Juni 1815 in dem Treffen von Quatre Bras gegen den französischen Marschall Ney, welcher gebürtig aus dem nassauischen Saarwerden stammte. Zwei Tage später folgte die ausschlaggebende Schlacht von Waterloo, Belle Alliance. In stundenlangem Kampf konnten sich die Alliierten gegen die Franzosen durchsetzen. Dabei verloren 315 Mann des Herzogtums ihr Leben. Erbprinz Wilhelm von Nassau (1792–1839) hatte bei Quatre Bras seine Feuertaufe erhalten und wurde bei Waterloo durch einen Granatsplitter an der Hüfte verwundet, kämpfte aber weiter. Der Thronfolger der Niederlande, Prinz Wilhelm von Oranien, hielt am 16. Juni im Zentrum der Schlacht tapfer gegen den französischen Sturm an und wurde bei Waterloo am späten Nachmittag des 18. Juni von einer Kugel an der linken Schulter verwundet und stürzte vom Pferd, so dass er nicht mehr weiter kämpfen konnte, aber wegen seines Erfolges von Quatre Bras in Napoleons Memoiren Anerkennung fand. Beide nassauischen Thronfolger nahmen am Einzug der alliierten Truppen in Paris teil. Die Befreiung

In der Kaiserlichen Porzellan Manufaktur in St. Petersburg 1836 für Herzog Wilhelm von Nassau als Geschenk hergestellte Vase, Geschenk des Zaren Nikolaus I. ❋ *Ваза, изготовленная в 1836 году на Императорском фарфоровом заводе в С.- Петербурге. Подарок императора Николая I герцогу Вильгельму фон Нассау*

Europas von den französischen Truppen verband sie miteinander. Die kaiserlich russische Armee war zum stärksten Bündnispartner der Alliierten geworden und avancierte zur militärischen Schutzmacht manch eines Herrscherhauses, insbesondere des Königreiches Preußen.

Die Kurbetriebe in Wiesbaden, Bad Ems und auch Langenschwalbach (Bad Schwalbach) wurden als Erholungsorte von russischen Offizieren für sich entdeckt. Anfang Mai 1814 logierten zwei Hauptmänner aus russisch-polnischen Diensten im Gasthaus Bären zu Wiesbaden. Von Mai bis Anfang Oktober kamen 40 Personen mit russischer Staatsbürgerschaft nach Wiesbaden, die meisten von ihnen waren höhere Offiziere, Generäle und Politiker; aber auch Großfürstin Katharina, Schwester des Zaren Alexander I., fand Aufmerksamkeit. Dynastische Verbindungen bestanden mit verschiedenen deutschen Fürstenhäusern. Zar Alexander I. selbst war nach dem Willen seiner Großmutter Kaiserin Katharina II. mit der Prinzessin Luise Maria Augusta von Baden verheiratet, welche sich in Russland Großfürstin Elisaweta Alexejewna nannte. Großfürst Nikolaus – ein jüngerer Bruder und der Thronfolger Zar Alexanders – wurde mit der Tochter König Friedrich Wilhelms II. und der Königin Luise von Preußen verlobt; diese hieß Prinzessin Friederike Louise Charlotte Wilhelmine, konvertierte zum orthodoxen Ritus und nannte sich Großfürstin Alexandra Fjodorowna. Mit der Verbindung zwischen Nikolaus Pawlowitsch und Alexandra Fjodorowna wurden die Bande zwischen Russland und Preußen mittels Hochzeit am 13. Juli 1817 weiter gefestigt. Es handelte sich um eines der schönsten Ehepaare seiner Zeit. Dass Braut und Bräutigam so gut zusammenpassten, schien wie eine Fügung.

Noch vor seiner Eheschließung mit Alexandra Fjodorowna wurde Großfürst Nikolaus von seinem älteren Bruder, Zar Alexander I., in einem streng geheimen Manifest zu dessen Nachfolger bestimmt. Später sollte auch der älteste Sohn und Thronfolger von Zar Nikolaus I. – Großfürst Alexander Nikolajewitsch – eine deutsche Prinzessin ehelichen, nämlich Maria von Hessen-Darmstadt. Bis zum Ende des russischen Kaiserreichs blieb es dabei, dass sämtliche russischen Thronfolger (mit der einzigen Ausnahme einer dänischen Prinzessin) ausschließlich mit Deutschen die Ehe eingingen. Die russischen Großfürsten – aber auch die Großfürstinnen – waren verpflichtet, nur Partner aus Familien regierender Häuser zu ehelichen, was gerade die streng erzogenen und gut gebildeten Mitglieder zahlreicher deutscher Fürsten- und Herzogtümer sowie Königshäuser als bestens geeignete Ehepartner prädestinierte. Die Hausgesetze der deutschen Souveräne sahen für die Mitglieder ihrer Familien in der Regel auch solche einheitlichen Regelungen vor, dass Prinzen und Prinzessinnen aus regierenden Häusern nur ihnen ebenbürtige Partner aus souveränen Häusern heiraten durften. Zumindest sollte adelig geheiratet werden. Nur wer eine standesgemäße Ehe einging, behielt sein Recht auf die Thronfolge. Wer dies nicht tat, konnte von dem Recht, Souverän seines Landes zu werden, ausgeschlossen werden. Aus diesem Grund entstanden dynastische Verbindungen des russischen Kaiserhauses auch mit anderen deutschen Herrschaftsfamilien, so galten Verbindungen mit dem Haus Holstein-Gottorp-Romanow als gute Partie. Das russische Imperium war reich und seit der Zeit Zar Peters I. zu einem durchorganisierten Militär- und Beamtenstaat gereift, welcher durch den Feldzug von 1812–14 seine Handlungsfähig-

Portrait des Herzogs Wilhelm von Nassau in russischer Kriegsuniform eines nach ihm benannten Ulanen-Regiments. Er führte es von 1833 bis zu seinem Tode 1839 unter der Bezeichnung „Ulanen-Regiment seiner Durchlaucht Herzog Wilhelm von Nassau" (Darstellung auf der Porzellanvase)
✳ *Портрет герцога Вильгельма фон Нассау (изображение на фарфоровой вазе) в русской военной форме уланского полка, шефом которого он был назначен в 1833 году и состоял до своей кончины в 1839. В те годы полк назывался уланским его светлости герцога Нассауского*

keit bewiesen hatte. Zahlen sprechen hierbei für sich. Als Napoleon im Juni 1812 mit seiner Grande Armée nach Russland aufbrach, standen 680.000 Soldaten unter seinem direkten Kommando (ohne dabei die politischen Beamten, die Dienerschaft und andere Nonkombattanten mitzuzählen, welche mit nach Russland gezogen waren). Es schafften bestenfalls 40.000 Köpfe den Rückzug über die Beresina Ende November 1812; und als die Reste jener Armee am 8. Dezember Wilna erreichten, wurden auf Seiten Napoleons nur noch 35.000 Menschen gezählt (Zivilisten inklusive). Kurz gesagt, die ausdauernde Kriegsführung der Russen und der daraufhin folgende Kriegseintritt von Preußen, Schweden und Österreich gegen Frankreich waren entscheidend. Die neue Koalition von England, Russland, Preußen, Schweden und Österreich ging im August 1813 als Große Koalition in die Geschichte ein. All dies zusammengenommen führte dazu, dass die Militärdiktatur Napoleons in Italien, Spanien und Deutschland zusammenbrach und dass in den Niederlanden das Haus Nassau-Oranien wieder eingesetzt wurde. Wilhelm von Nassau-Oranien wurde Wilhelm I. König der Niederlande und hieß die Heirat seines Sohnes und Thronfolgers Wilhelm mit der Großfürstin Anna Pawlowna gut, welche die jüngste Schwester Zar Alexanders I. von Russland war. Die Eheschließung mit dem Erbprinzen der Niederlande – dem späteren König Wilhelm II. – hatte für die Niederlande eine starke politische Bedeutung; für das niederländische Königshaus war dies die ranghöchste Verbindung seiner Geschichte.

Die Ehe des Kronprinzen Wilhelm von Oranien mit Großfürstin Anna Pawlowna legte nahe, dass auch ein Herzog von Nassau zu Wiesbaden eine russische Großfürstin heiraten könnte – es ging dabei namentlich um Herzog Adolph, den ältesten Sohn Herzog Wilhelms v. Nassau, dessen Name uns schon aus den Schlachten von Quatre Bras und Waterloo bekannt ist. Die Ehe Herzog Adolphs aber ist ein Kapitel einer neuen Generation und hat auch andere Hintergründe als lediglich eine Rückversicherung gegen revolutionären Umsturz. Eine erste Eheschließung Wilhelms, als dieser noch Erbprinz von Nassau-Weilburg war, mit Prinzessin Luise v. Sachsen-Altenburg im Juni 1813 zu Hildburghausen, näherte ihn bereits an den Kaiserhof von Russland an. Denn eng verwandt mit seinen thüringischen Schwiegereltern war das Herzoghaus von Sachsen-Weimar, dessen regierendes Oberhaupt, Herzog Carl Friedrich von Sachsen-Weimar, mit der Großfürstin Maria Pawlowna verheiratet war. Diese war die Schwester sowohl Zar Alexanders I. als auch Kaiser Nikolaus' I. sowie des Großfürsten Konstantin (Vizekönig von Polen) und des Großfürsten Michail Pawlowitsch; dessen Frau wiederum – Großfürstin Jelena Pawlowna – war eine geborene Prinzessin von Württemberg und Schwester von Pauline von Württemberg – der späteren, zweiten Ehefrau Herzog Wilhelms v. Nassau. Zum Herzog v. Weimar bestanden gute Beziehungen, worauf auch die Besuche des geheimen Staatsrats v. Goethe am Hofe Herzog Friedrich Augusts v. Nassau-Usingen in den Jahren 1814 und 1815 hinweisen. Herzog Friedrich August verstarb im März 1816 zu Biebrich und wurde in Usingen beigesetzt. Der junge Herzog Wilhelm v. Nassau-Weilburg folgte ihm nach, verließ im Frühjahr 1817 sein altes Stammschloss zu Weilburg und zog mit einem neuen Hof dauerhaft in die Residenz bei Biebrich am Rhein. Dort erhielt er 1818 den Besuch zweier Kaiser, den von Zar Alexander I. von Russland sowie von Kaiser Franz von Österreich. Im gleichen Jahr führte Herzog Wilhelm die erste landständische Verfassung Deutschlands ein. Seine jugendlichen Reformversuche führten dazu, dass die Ständeversammlung einerseits versuchte, die gut organisierten herzoglich-nassauischen Domänen unter ihre Kontrolle zu bringen (denn die Wirtschaftsbetriebe und Ländereien des Herzogs warfen einen jährlichen Reingewinn von etwa einer Million Gulden ab), andererseits fühlte manch ein Liberaler sich noch so von der französischen Revolution inspiriert, dass der liberale Apotheker Carl Löning am 1. Juli 1819 einen Mordanschlag auf Carl v. Ibell (den Regierungspräsidenten des Herzogtums) verübte. Der Herzog als Souverän seines Landes musste einsehen, welch gefährliches Potential sich unter den Liberalen befand und schränkte seinen eigenen Reformeifer wieder ein. Als Gegenfaktor gegen Destabilisierung oder gar eine Revolution hatten zu jener Zeit der russische Zar und sein kaiserliches Militär die stärkste Durchsetzungskraft. Im Jahr 1835 reiste Herzog Wilhelm von Nassau an den Hof des russischen Zaren zu St. Petersburg.

Wilhelms älteste Tochter, Prinzessin Therese (1815–1871), heiratete 1837 Herzog Peter von Oldenburg, einen Neffen des Zaren, weshalb sich das Ehepaar in St. Petersburg niederließ. Inzwischen wurden die im Herzogtum Nassau gelegenen Kurorte Wiesbaden, Bad Ems und Langenschwalbach häufig von der neuen russischen Gesellschaft besucht. Auch Großfürst Konstantin, welcher geschieden, in zweiter Ehe mit einer polnischen Gräfin verheiratet und Vizekönig von Polen war, daher selbst auf den russischen Thron verzichtet hatte, zählte zu den Gästen der Residenzstadt Wiesbaden. Konstantin wohnte im Hotel Vier Jah-

Schloss Biebrich, Residenz der Herzöge von Nassau am Rhein in Wiesbaden
✳ *Дворец в Бибрихе – загородная резиденция герцогов фон Нассау*

reszeiten und wurde vor dem Hotel von einer eigens bestellten, sechsspännigen Extrapost abgeholt, um nach Langenschwalbach zu fahren. Der Großfürst und sein Adjutant vergaßen den Postillion zu grüßen und stiegen ein, was der Kutscher, Eschepeter genannt, als unhöflich empfand. Konstantin verlangte Galopp, bekam Galopp bis zum Chausseehaus; doch bevor die Landstraße zu steigen beginnt, ließ der Kutscher seine Hannoveraner Trab anschlagen, denn die schwere Galakutsche den Berg hinauf zu jagen, kam für ihn nicht in Betracht. Er wollte die Pferde schonen und sang ein beliebtes nassauisches Soldatenlied „Wie kommen die Offiziere in die Hölle? – Auf einem schwarzen Fohlen, soll sie der Teufel holen ...". Der Großfürst in Uniform verstand das Lied sehr gut und rief: „Galopp, Galopp!" Peter störte sich nicht an dem Dreinreden des Großfürsten und ließ die Pferde weiter im Trab laufen. Konstantin zog seine doppelläufige Pistole, zwei Schüsse krachten durch den Wald und schlugen durch den ledernen Hut des Postkutschers; dieser erlitt einen Streifschuss, wischte das Blut ab, verband sich mit einem roten Taschentuch den Kopf, brachte die Pferde zum Stehen, stieg in aller Ruhe ab, drehte seine Peitsche, öffnete den Wagenschlag, zog den Großfürsten aus der Kutsche und verprügelte diesen so lange, bis er sich nicht mehr rührte. Der Adjutant, welcher seinem Herrn zur Hilfe hatte kommen wollen, landete bewusstlos im Straßengraben. Alsdann setzte Peter den Großfürsten wieder in den Wagen und fuhr in ruhigem Trabe zur Posthalterei bei Schwalbach, wo er den verstörten Konstantin auftragsgemäß ablieferte. Den Adjutanten fand man nahe beim Chausseehaus wieder. Es wurde Anklage wegen Überschreitung der Notwehr erhoben, doch das herzoglich-nassauische Gericht gelangte zu einem glatten Freispruch des Postillions mit der Begründung, dass Peter Graumann ja vorschriftsgemäß die Pferde hatte schonen wollen.

Großfürst Konstantin selbst wurde in Warschau Opfer jenes Polenaufstandes, welcher mit der einzigen dynastischen Verbindung der großfürstlichen Familie mit dem Haus Nassau-Oranien in Verbindung gebracht werden muss. Ende Juli 1830 führte die so genannte Julirevolution in Frankreich zum endgültigen Sturz der Bourbonen. Dadurch ermutigt brach in Belgien, welches damals noch zum Vereinigten Königreich der Niederlande gehörte, Ende August ebenfalls eine Revolution aus, denn die katholischen Belgier erhoben sich gegen die Vorherrschaft der Niederlande, insbesondere gegen König Wilhelm I. Der niederländische Thronfolger aber – Kronprinz Wilhelm – war, wie bekannt, mit Anna Pawlowna, der Schwester des Zaren Nikolaus I. verheiratet. Der Zar von Russland fühlte sich durch die Revolutionen in Frankreich und Belgien alarmiert, sorgte sich sehr um seine jüngste Schwester und erteilte Großfürst Konstantin den Befehl, polnische Rekruten auszuheben, um diese nach den Niederlanden in Marsch zu setzen. In dieser Lage kam die wahre Stimmung der Polen an den Tag. Nachdem sich im polnischen Untergrund bereits die Bewegung der „Patrioten" gebildet hatte, nutzten diese die Situation aus und erhoben sich bei der ersten Nachricht von den befohlenen Zwangsaushebungen mit solcher Kraft, dass Konstantin sein Leben retten und, von seiner Leibgarde geschützt, aus dem Palast in Warschau fliehen musste. Um seinem Bruder und den russischen Truppen Entsatz zu leisten, wurde von Zar Nikolaus I. im Oktober 1830 General Diebitsch mit 80.000 Mann in Marsch gesetzt. Der russische Vormarsch verlief

Portrait der Prinzessin Therese von Oldenburg, geb. Prinzessin von Nassau, Aquarell von W. Hau, St. Petersburg 1839 ✵ Портрет принцессы Терезии Ольденбургской, урожденной принцессы фон Нассау. Акварель В. Гау. 1839. С.-Петербург

allerdings schleppend und wurde durch das tapfer kämpfende Heer der polnischen Insurgenten zurückgeschlagen. General Diebitsch musste den Rückzug anordnen, in den russischen Reihen brach die Cholera aus und raffte den General wie auch den Großfürsten dahin. General Paschkjewitsch wurde von seinem Zar mit überlegenen Kräften in Marsch gesetzt; er hatte den Auftrag, die demoralisierten Truppen zu sammeln, um den Aufstand in Polen niederzuschlagen. Der General erreichte sein Ziel, als seine Soldaten im Dezember 1831 Warschau eroberten. Fünfzigtausend Emigranten hatten das Land bereits verlassen, 80.000 Polen wurden nach Sibirien deportiert, die Toten wurden nicht gezählt. Nach der Befriedung Polens wurde General Iwan Paschkewitsch zum Vizekönig ernannt, dem Königreich Polen wurde seine nationale Eigenständigkeit genommen, und bis hin zur preußischen Grenze entstand ein direkter russischer Machtbereich. Zar Nikolaus I. hatte schon vor dem Polenaufstand zwei Kriege gegen das osmanische Reich zu günstigem Ausgang geführt. Vor diesem Hintergrund ist es verständlich, dass die liberalen Kreise im Herzogtum Nassau Bedenken gegen eine dynastische Verbindung mit Mitgliedern der kaiserlich-russischen Familie hatten.

Die Dinge entwickelten sich dann aber von selbst. Im April 1825 verstarb Herzogin Luise; Herzog Wilhelm heiratete vier Jahre nach ihrem Tode in zweiter Ehe die Prinzessin Pauline von Württemberg (1810–1856). Herzogin Pauline v. Nassau wiederum hatte eine Schwester, welche bereits im Alter von 16 Jahren nach Russland gekommen und mit 17 dem Großfürsten Michail Pawlowitsch als Gemahlin anvertraut worden war, in St. Petersburg lebte und am kaiserlichen Hof geachtet war. Großfürstin Jelena Pawlowna, geborene Prinzessin Charlotte von Württemberg (1807–1873) hatte keinen häuslichen Ehemann, denn der jüngste Bruder

Portraits der Großfürstin Elisaweta und Herzog Adolphs von Nassau, Aquarell von W. Hau, St. Petersburg 1843–1844
✵ *Портреты великой княгини Елизаветы и герцога Адольфа фон Нассау. Акварели В. Гау. 1843–1844. С.-Петербург*

des Zaren war aus innerster Überzeugung Militär und interessierte sich mehr für den Dienst in der kaiserlichen Armee als für das zivile Leben. Die Zeit, welche Großfürstin Jelena Pawlowna dadurch gewann, konnte diese in den Kreisen der kaiserlichen Familie verbringen. Aufgrund ihres überlegenen Geistes, ihres guten Stils und ihres außerordentlichen Geschicks errang sie die Achtung des gesamten kaiserlichen Hofes. Für jede Person fand sie gute Worte und durfte sogar ihrem Schwager, dem Kaiser Ratschläge erteilen. Dieser sagte in anderem Zusammenhang, er ließe sich zu Hofe von niemandem Vorschriften machen – außer von Jelena Pawlowna. Sie wurde während der Regierungszeit Nikolaus' I. und Alexanders II. zur politisch einflussreichsten Frau im russischen Kaiserreich.

Was das Herzogtum Nassau betraf, war Erbprinz Adolph (1817–1905) noch ledig und studierte in Wien. Am 20. August 1839 starb sein Vater Herzog Wilhelm 47-jährig in Bad Kissingen an einem Schlaganfall und wurde in der Fürstengruft zu Weilburg beigesetzt. Erbprinz Adolph brach sein Studium ab, kam aus Wien zurück und wurde als neuer Herzog von Nassau eingesetzt. Seine Stiefmutter, Herzogin Pauline, begann ihrer fürsorglichen Natur entsprechend, Heiratspläne für Stiefsohn Adolph zu schmieden. Schon im November 1838 waren Gerüchte aus Zeitungsartikeln über eine mögliche Ehe zwischen Erbprinz Adolph und Großfürstin Olga Nikolajewna (einer Tochter Zar Nikolaus' I.) im Umlauf. Die Familie des Großfürsten Michail war schon in früheren Jahren zu Gast im Biebricher Schloss gewesen, und Großfürstin Jelena Pawlowna, die Schwester Herzogin Paulines, mochte nicht nur Wiesbaden gut leiden, sondern sie hatte vielleicht selber den Gedanken an eine Verbindung mit dem Herzogtum Nassau. Sie war es auch dem Rang ihrer Familie schuldig, ihre Töchter (Marie *1825, Elisaweta *1826 und Katharina *1827) entweder mit einem souveränen Herrscher oder zumindest einem Prinzen aus regierendem Hause zu verheiraten. Herzog Adolph war in ihren Augen daher nicht nur ein liebenswürdiger, sondern auch ein geeigneter Kandidat und so schmiedeten die zwei württembergischen Schwestern, Pauline und Charlotte, entsprechende Pläne für den jungen Herzog Adolph und Großfürstin Elisaweta, genannt Lili. Ende Juli 1843 fuhren Herzog Adolph und Prinz Moritz von Nassau auf Einladung des Vaters der Braut, Großfürst Michail, nach St. Petersburg und wurden von der kaiserlichen Familie freundlich in Schloss Peterhof (dem russischen Versailles) aufgenommen, an welchem Ort Zar Nikolaus I. als Hausherr der Verbindung zwischen Herzog Adolph und Großfürstin Elisaweta Michailowna zustimmte. Bei seinem zweiten Besuch in St. Petersburg im Januar 1844 erhielt Herzog Adolph zu seiner Überraschung von seinem Schwiegeronkel Zar Nikolaus das Kaiserlich Russische Ulanenregiment Odessa verliehen, was zuvor nicht vereinbart worden war.

Am 31. Januar 1844 heirateten Herzog Adolph und Großfürstin Elisaweta zu St. Petersburg. Die bedeutende Mitgift der Großfürstin war von

Kaiser und Zar Nikolaus I. auf eine Million Silberrubel festgelegt worden (1.880.000 Gulden), was selbst für russische Verhältnisse sehr hoch war (und in dieser Höhe nur Töchtern oder Enkelinnen eines Kaisers zustand). Die Hochzeit mit 3.000 Gästen verlief wie im Märchen. Einen guten Monat später, am 2. März reisten Braut und Bräutigam zunächst auf verschneiten Straßen nach Berlin und weiter in die nassauische Residenzstadt Wiesbaden, wo sie am 26. März festlich Einzug hielten. Eine durch Baurat Carl Boos an der Ecke Rhein- und Wilhelmstraße errichtete große Ehrenpforte bildete den feierlichen Rahmen für den Empfang und Einzug des jungen Herzogspaares in Wiesbaden. Sechs junge Frauen überreichten der Herzogin ein auf Seide gedrucktes Huldigungsgedicht. Von der Bürgerschaft der Gemeinden des Herzogtums bekam die Herzogin als Huldigungsgabe eine Equipage dargebracht. Die Feierlichkeiten zur Heimführung der Herzogin dauerten fünf Tage und sind als das hervorragendste Ereignis der herzoglich-nassauischen Hofgeschichte zu Wiesbaden in die Annalen eingegangen. Aus Paris trafen mit russischen Wappen geschmückte Tafelaufsätze, Porzellan- und Silberservice, aus St. Petersburg große Kisten mit kostbaren Hochzeitsgeschenken und Hausrat in dem Stadtschloss zu Wiesbaden und im Schloss zu Biebrich ein. Für die Großfürstin-Herzogin und ihren kleinen, aus Russland mitgebrachten Hofstaat wurde im Crèveschen Haus in der Wiesbadener Rheinstraße eine russische Hauskirche eingerichtet, in welcher ein orthodoxer Geistlicher und drei russische Sänger den orthodoxen Gottesdienst abhielten. Das Leben des jungen Paares gestaltete sich zurückgezogen. Die am 26. Mai 1826 geborene Elisaweta, genannt Lili, liebte das Familienleben, muss sich aber wegen des im Vergleich zu St. Petersburg kleineren Familien- und Freundeskreises eher einsam gefühlt haben; in Mußestunden spielte sie gerne Klavier und hatte die Gewohnheit, abends um 21 Uhr eine Partie Whist mit dem Herzog und zwei geladenen Gästen zu spielen. Sie schenkte dann selber Tee ein; ansonsten war nicht einmal eine Hofdame zugegen. In diesem Kreis wurde Herzogin Elisaweta als liebenswürdig, einfach, artig, natürlich und verständig beschrieben. Ansonsten waren die Verhältnisse in Wiesbaden für die in der Millionenstadt Moskau geborene kaiserliche Hoheit sehr ungewohnt (auf ihrer Grabplatte in der Unterkirche ist irrtümlich St. Petersburg als Geburtsort angegeben). Die knapp 18-jährige Lili, selbst noch im Begriff erwachsen zu werden, schien wenig kontakfreudig, verstand die nassauische Mundart schlecht und fühlte sich generell fremd. Im Gegensatz dazu war Herzog Adolph sehr leutselig, wesentlich reifer und mit den Verhältnissen vor Ort natürlich bestens vertraut. Elisabeth setzte sich mit wohltätigen Spenden für die Armen und Hilfsbedürftigen ein, wurde als „kaiserliche Hoheit" angesprochen – weil nach kaiserlich russischem Hausrecht eine Großfürstin ihren kaiserlichen Rang nicht verlieren konnte – wohingegen Herzog Adolph stets eine einfache „Hoheit" blieb, was er mit Würde ertrug. Was er nicht verkraftet hat, war die Tatsache, dass Elisaweta von einer Lungentuberkulose dahingerafft wurde. Die Symptome der Schwindsucht, wie man diese Krankheit früher nannte, hatte der Arzt zunächst ihrer Schwangerschaft zugeschrieben. Jene Krankheit aber war unheilbar; am 27. Januar 1845 wurde die junge Mutter im Stadtschloss von einem Mädchen entbunden, das kurz nach der Geburt verstarb. Am 28. Januar, um fünf Uhr in der Früh erlag die 18-jährige Herzogin den Folgen ihrer Krankheit, körperlicher Erschöpfung und ihres seelischen Leids. Herzog Adolph wurde als „wie zerschmettert"

Stadtschloss der Herzöge von Nassau in Wiesbaden, heute Hessischer Landtag ✳ *Дворец герцогов фон Нассау в Висбадене, в настоящее время здесь располагается Гессенский федеральный парламент*

geschildert und konnte sich erst allmählich wieder zurechtfinden. Er litt sehr unter dem Verlust und wollte die reiche Mitgift seiner verstorbenen Ehefrau gleich wieder an den Kaiserhof zurückzahlen, zerriss sich doch sein Volk schon seit der Hochzeit das Maul wegen des vielen Geldes. Der Staat zumindest konnte sich während des Zusammenbruchs Herzog Adolphs im Jahr 1845 auf die ergebene Arbeitsleistung des Staatsministers Emil August von Dungern voll verlassen, welcher die Geschicke des Herzogtums lenkte.

Von Sommer bis Herbst 1845 suchte Herzog Adolph Ablenkung auf einer Reise zusammen mit Großfürstin Elena Pawlowna und deren Tochter Katharina nach Ischl und weiter nach Italien. Sie war es, die den Anstoß dazu gab, dass eine russisch-orthodoxe Grabeskirche bei Wiesbaden gebaut werden sollte; denn bis zum Bau der Kirche in Wiesbaden gab es weder einen russisch-orthodoxen Sakralbau noch einen geweihten russisch-orthodoxen Friedhof außerhalb der Grenzen des russischen Kaiserreiches und seiner Kolonien, was bedeutete, dass Verstorbene aus der russischen Gesellschaft nach einem Todesfall in Westeuropa auf russischen Boden zurückgeführt werden mussten, um auf geweihter, orthodoxer Erde begraben und, dem Ritus gerecht, bestattet zu werden. Was die russische Zarenfamilie betraf, wurden deren Mitglieder in der Großfürstengruft einer Festung beigesetzt oder – wenn es sich um Zarinnen und Zaren handelte – in der Kathedrale der Peter- und-Paul-Festung. Weil Herzog Adolph aber das Grab seiner Frau in Wiesbaden sehen wollte, kam für die Familie der Verstorbenen nur der Bau einer Grabkapelle in Wiesbaden in Frage. Der Großfürstin Jelena Pawlowna ist es auch zu verdanken, dass der Zar dem Bau einer der heiligen Elisabeth, der Namenspatronin der Verstorbenen, geweihten Grabkirche aus den Mitteln der Mitgift zustimmte.

So geschah es, dass der Herzog seine Entscheidung traf und eine entsprechende Ausschreibung für den Bau jener Kirche aus den besten Baumaterialien startete. Seine Schwiegermutter, Großfürstin Jelena Pawlowna, sprach sich für die Entwürfe des aus Geisenheim stammenden Baumeisters Philipp Hoffmann aus und förderte dessen achtwöchige Studienreise nach St. Petersburg und Moskau im Herbst 1846, damit er die russische Sakralarchitektur kennenlerne. Der Künstler Emil Alexander Hopfgarten schuf in einem Atelier in der Mosburg, mitten im ruhigen und romantischen Teil des Schlossparks zu Biebrich, ein Grabdenkmal mit dem lebensgroßen Abbild der verstorbenen Herzogin Elisaweta aus carrarischem Marmor. Die Beziehungen Herzog Adolphs von Nassau zur kaiserlich russischen Zarenfamilie und zur Großfürstin Jelena Pawlowna im Besonderen blieben gut. So besuchten Mitglieder der kaiserlichen Familie den Herzog in Wiesbaden, dieser aber kehrte nie wieder nach Russland zurück. Herzog Adolph von Nassau führte die von Herzogin Elisaweta gegründete Lehranstalt für arme Mädchen (Elisabethenschule) weiter, verwirklichte 1846 die ebenfalls noch auf die Großfürstin zurückgehende Idee einer Klinik für Kinder unbemittelter Eltern (Elisabethen-Heilanstalt) und unterhielt diese auf seine eigenen Kosten. Im Mai 1855 wurde die Weihe der sogenannten „Griechischen Kapelle" auf dem Neroberg zu einem herausragenden gesellschaftlichen Ereignis – in Abwesenheit des Herzogs, welcher bei Verwandten weilte.

Für die kaiserliche Familie war der Bau einer russisch-orthodoxen Kirche die einzige Möglichkeit, dem Wunsch des Herzogs gerecht zu werden, den Leichnam der Verstorbenen in Wiesbaden beisetzen zu lassen, ohne gegen orthodoxe Riten zu verstoßen. Die Entscheidung war bereits im Frühjahr 1845 gefallen, allerdings dauerte es mehr als zehn Jahre bis diese einmalige Idee realisiert war. Baubeginn war 1849. Großfürstin Jelena Pawlowna betrieb nach Fertigstellung der russisch-orthodoxen Grabeskirche 1855 in kluger Voraussicht auch die Anlage eines orthodoxen Friedhofes auf dem Gelände neben der Kapelle. Bis dahin hatte es noch nicht einmal in Paris oder London eine richtige russisch-orthodoxe Kirche gegeben – geschweige denn einen eigenen Friedhof. Die Mittel für den Bau dieser Ruhestätte kamen zur Hälfte aus der Privatschatulle der Großfürstin und zur anderen Hälfte vom Außenministerium der kaiserlich-russischen Regierung. Der russisch-orthodoxe Friedhof wurde von Beginn an für die Allgemeinheit angelegt und war nicht für Mitglieder der kaiserlichen Familie gedacht. Dass

Portrait der Großfürstin Jelena Pawlowna, geb. Prinzessin von Württemberg. Lithografie von P. Sudre, Paris 1836 ✳ Портрет великой княгини Елены Павловны, урожденной принцессы Вюртембергской. Литография Ж.-П. Сюдра. 1836. Париж

Portrait der Herzogin Pauline von Nassau, geb. Prinzessin von Württemberg, gemalt von O. R. Jacobi nach C. Sohn, Wiesbaden, 1847 ✳ *Портрет герцогини Паулины фон Нассау, урожденной принцессы Вюртембергской. О. Р. Якоби с оригинала К. Зона. 1847. Висбаден*

die Eröffnung einer orthodoxen Ruhestätte im Jahr 1856 nahe der Kirche auf dem Neroberg eine gute Entscheidung war, sollte sich schnell zeigen, denn es kamen – wenn auch aus verschiedensten Gründen – immer mehr russische Gäste nach Wiesbaden; es bildete sich eine eigene Gemeinde, und viele Verstorbene orthodoxer Konfession wurden hier beigesetzt – darunter vorwiegend Russen, Russischstämmige, Deutsche und Balten in russischen Diensten.

Herzog Adolphs Stiefmutter, die verwitwete Herzogin Pauline v. Nassau, erkrankte im Frühjahr 1856 an einem Lungenleiden und entschlief am 7. Juli. Sie ist in der Familiengruft auf dem Alten Friedhof in Wiesbaden beigesetzt. 1856 war der Alte Friedhof noch kein alter Friedhof sondern ein neuer im Gegensatz zu dem stillgelegten oberhalb des Römertors. Hier findet man auch den Namen von Natalja Alexandrowna, der jüngsten Tochter des russischen Schriftstellers Alexander Puschkin. Diese hatte den Prinzen Nicolaus v. Nassau (den Sohn von Herzogin Pauline und Herzog Wilhelm) geheiratet, wohnte mit ihm in dem heute noch erhaltenen Haus an der Ecke Sonnenberger und Richard-Wagner-Straße 1. Sie wollte neben ihrem Ehemann bestattet werden. Beide hatten sich im Jahr 1856 bei den Krönungsfeierlichkeiten Zar Alexanders II. von Russland kennengelernt, heirateten in London und lebten in Wiesbaden; weil aber Natalja Puschkina zwar adelig war, aber aus keinem regierenden Haus stammte, erhielt sie von Herzog Adolph keine Genehmigung, den Namen von Nassau führen zu dürfen. Die Gedenktafel auf dem Alten Friedhof erinnert auch an den Sohn von Natalja, Gräfin v. Merenberg und von Prinz Nikolaus v. Nassau, dessen Ehefrau allerdings auf dem russischen Friedhof in Wiesbaden beigesetzt ist. Georg Nikolaus Graf v. Merenberg war mit Olga Alexandrowna verheiratet, der Tochter Zar Alexanders II. von Russland aus dessen zweiter Ehe mit der Fürstin Jekaterina Dolgorukowa. Ihre gemeinsame Tochter Olga Alexandrowna Jurijewskaja lebte in Nizza, wo sie Georg Nikolaus Graf v. Merenberg kennen lernte, sich 1895 mit ihm trauen ließ, nach Wiesbaden zog und eine Familie gründete. Olga Gräfin von Merenberg (†1925) ruht auf dem russisch-orthodoxen Friedhof in Wiesbaden neben ihrem leiblichen Bruder Georgij Alexandrowitsch Juriejwskij (†1913), welcher zwar nicht in Wiesbaden lebte, aber – wie viele andere auch – hier beigesetzt worden ist. Auf die Gräber des russischen Friedhofs in Wiesbaden wird noch in einem späteren Kapitel näher eingegangen. Prinzessin Olga Jurijewskaja, Gräfin v. Merenberg und Fürst Georgij Juriejwskij sind lediglich die ranghöchsten dieses Friedhofes. Der Vater der beiden Geschwister, Zar Alexander II. von Russland, stand für die außerordentlich guten Beziehungen zwischen Deutschland (insbesondere Preußen, Hessen, Nassau, Baden, Württemberg) und Russland; er war auch derjenige, welcher vor Entsendung der Emser Depesche (1870) Bismarck zugesagt hatte, den vereinigten Truppen den Rücken frei zu halten, was die deutsche Reichseinigung von 1871 ermöglicht hat. Zar Alexander II. und seine Frau, Zarin Maria Alexandrowna, waren Herzog Adolph in Freundschaft verbunden und besuchten diesen wiederholt in Wiesbaden. Die Zarin weilte im August 1864 ein letztes Mal zur Kur in Langenschwalbach und traf Herzog Adolph am 23. September auf dem Jagdschloss Platte. Am 10. Oktober kamen ebenfalls zum letzten Mal Zar Alexander, dessen Schwager Prinz Alexander von Hessen-Darmstadt und der Generaladjutant seiner kaiserlichen Hoheit, Graf v. Adlerberg aus Darmstadt zu Besuch auf das Jagdschloss des Herzogs, bevor das Herzogtum 1866 durch preußische Truppen annektiert wurde. Interessant ist auch, dass Kaiserin Alexandra Fedorowna – als sie 1852 von Wiesbaden nach Langenschwalbach fahren wollte, von dem bereits bekannten Kutscher Eschepeter dermaßen schnell in das heutige Bad Schwalbach gefahren wurde, dass sie meinte, diese Fahrt würde sie nie vergessen. Tatsache ist, dass Peter Graumann die Gelegenheit ergriff, die leichte Kalesche mit der russischen Kaiserin in solch rasendem Tempo nach Langenschwalbach zu fahren, dass die Ehreneskorte nassauischer Gendarmen weit hinter dem Galawagen zurückblieb und ein Gendarm nach dem anderen vom Pferd steigen musste. Auch diese Fahrt mag den Kutscher vielleicht amüsiert haben. Fest steht nur, dass viele Menschen mit den nassauisch-russischen Beziehungen zu tun gehabt haben.

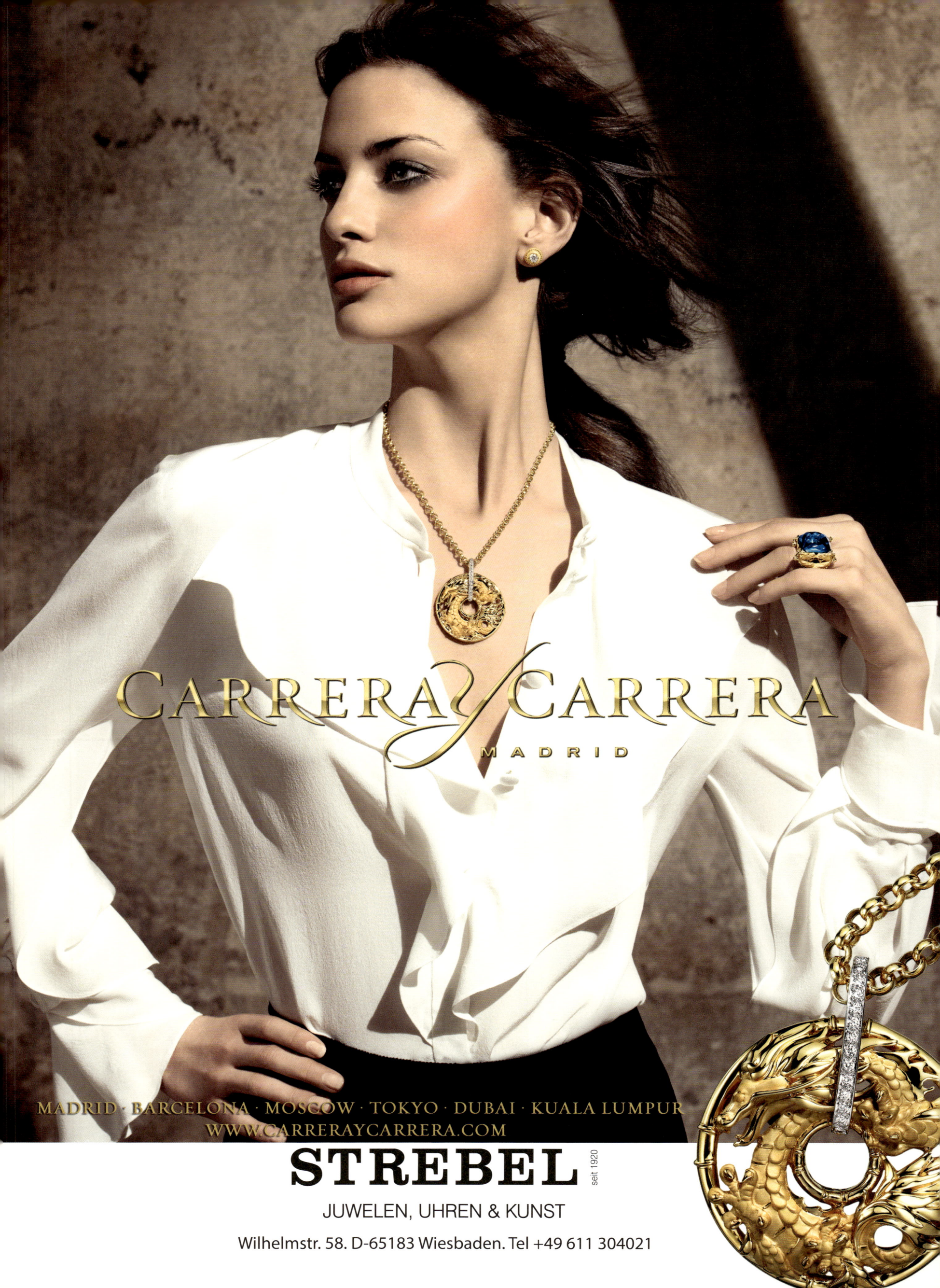

ИСТОРИЧЕСКИЕ СВЯЗИ ДОМА НАССАУ С РОССИЕЙ: ВЗГЛЯД НА СУДЬБЫ МОИХ ПРЕДКОВ

Александр фон Ринтелен

С давних пор Россию связывали разносторонние отношения с влиятельной европейской династией Нассау. Этот старинный графский и княжеский род с XII века правил нассауской землей, лежавшей в окрестностях Висбадена. Со времени основания герцогства Нассау в 1806 году его столица находилась в Вайльбурге, а с 1816 года была перенесена в Висбаден.

Представители другой ветви этого большого владетельного рода были правителями Нидерландов. В XVI веке Вильгельм I Молчаливый возглавил борьбу своей страны за независимость от испанской короны. Его потомок Вильгельм III Оранский не только управлял Нидерландами, но и стал королем Англии. Талантливый государственный деятель, он реформировал страну, создал сильную армию и флот. Царь Петр I, мечтавший сделать Россию могучей морской державой, почитал Вильгельма III за настоящего героя своего времени и встречался с ним в 1698 году во время Великого посольства в Европу.

С петровских времен потянулись в Россию из западных стран ученые, врачи, военные, ремесленники. Среди них были и уроженцы нассауской земли. Принц Карл фон Нассау-Зиген приехал в Санкт-Петербург, дослужился до звания вице-адмирала и прославился в битве с турками за крепость Очаков в 1788 году. Филипп Генрих Дильтей стал профессором права, одним из основателей Московского университета. Карл фон Штейн – государственный советник, был приглашен императором Александром I к царскому двору.

Русские тоже посещали нассауские края. В 1789–1790 годах в Висбадене гостил писатель и историк Николай Карамзин. Во время военных действий 1813 года пятитысячный казачий корпус, преследовавший остатки наполеоновской армии, вошел в Висбаден и расположился на постой. Недалеко от города проходила переправа русской армии через Рейн. С криками: «Казаки идут!» французы в панике отступили. В борьбе с армией Наполеона участвовали и войска нассауского герцогства. В 1815 году в битве при Ватерлоо погибли 315 солдат и офицеров нассауского полка. Принц Вильгельм фон Нассау получил ранение в бедро, но продолжал сражаться. Другой представитель этого рода, наследный принц Нидерландов Вильгельм Оранский, в это же время отважно сдерживал атаки французов и был ранен в левое плечо. Оба они приняли участие в торжественном въезде армий-победительниц в Париж. Благодаря «французскому походу», в Висбадене на водах появились русские. К концу 1814 года зарегистрировались уже сорок отдыхающих, среди них и великая княгиня Екатерина – сестра царя Александра I. Правящий дом Романовых был связан родственными узами с нассауской династией. Младшая сестра Александра I – великая княгиня Анна Павловна стала супругой короля Нидерландов Вильгельма II Нассау-Оранского. За герцога Адольфа фон Нассау вышла замуж юная племянница императора Николая I, великая княжна Елизавета Михайловна. В Санкт-Петербурге в Зимнем дворце 31 января 1844 года состоялось свадебное торжество, на которое пригласили 3 тысячи гостей. Царское приданое было велико и составило 1 миллион рублей серебром. Спустя два месяца новобрачные въехали в Висбаден. По такому случаю в городе соорудили праздничную арку, шестеро девушек преподнесли Елизавете торжественное поздравление в стихах, а жители герцогства передали в знак почтения экипаж, купленный на собранные средства. Молодые супруги поселились во дворце Бибрих на берегу Рейна. Елизавета с удовольствием занималась благотворительностью. В этом она брала пример со своей тетушки, вдовствующей герцогини Паулины фон Нассау. На деньги Паулины была открыта больница для бедных в Висбадене, а на пожертвования Елизаветы – школа для девочек из неимущих семей, названная ее именем.

«Ее императорское высочество», как обращались к молодой герцогине, стала часто недомогать, на щеках появился нездоровый румянец. Все болезненные симптомы приписывали наступившей беременности. Тем временем чахотка, как тогда называли эту болезнь, набирала силу. 27 января 1845 года Елизавета родила девочку, которая умерла в тот же день. На следующее утро, измученная родами и тяжелой болезнью, на 19-м году жизни, скончалась и герцогиня фон Нассау. Глубоко потрясенный случившимся, герцог Адольф принял решение похоронить свою безвременно умершую супругу и младенца в Висбадене. Мать Елизаветы, великая княгиня Елена Павловна – сестра герцогини Паулины, высказала идею о возведении надгробной церкви в стиле русского зодчества. Деньги на постройку выделялись из средств, полученных на проценты с приданого капитала Елизаветы. Русская церковь на горе Нероберг была торжественно освящена в мае 1855 года, в тот же вечер, при факельном шествии и большом стечении народа, гроб Елизаветы с дочерью перенесли в церковь и опустили в склеп. Через год рядом с храмом основали русское кладбище, на котором нашли покой представители знатных родов, офицеры, генералы, дипломаты и простые православные.

С висбаденской династией Нассау связаны и потомки А. Пушкина. Младшая дочь поэта Наталья Александровна вышла замуж за принца Николауса фон Нассау, сводного брата герцога Адольфа. Она проживала с мужем и детьми в доме по Зонненбергштрассе, 44 и была погребена на Старом кладбище (Alter Friedhof) в семейной усыпальнице Нассау. При вступлении в брак Наталья получила имя графини фон Меренберг, которое носили и ее дети. Сын Натальи и Николауса граф Георг фон Меренберг женился на светлейшей княжне Ольге Юрьевской, дочери императора Александра II от морганатического брака с княжной Екатериной Долгоруковой. Молодая семья с 1895 года поселилась в Висбадене. Графиня Ольга фон Меренберг (†1925) и ее брат Георгий Александрович Юрьевский (†1913) покоятся на русском кладбище.

В наше время давние связи нашли свое продолжение. Теперь уже современное поколение налаживает новые отношения между двумя народами.

KIRCHE UND ARCHITEKTUR

Prof. Siegbert Sattler

WIESBADENS ENTWICKLUNG ZUR RESIDENZSTADT

Aquis Mattiacis – bereits vor 2.000 Jahren suchten die Römer an über zwei Dutzend heißen Quellen der Mattiaker Heilung und Erholung. Allerdings war Wiesbaden bis 1800 ein kleines Städtchen mit einfachen Badehäusern, einigen Gästehäusern und vielen landwirtschaftlichen Gehöften. Mit der Unterzeichnung der Rheinbundakte am 12. Juli 1806 erhob Napoleon die nassauischen Fürstentümer Nassau-Usingen und Nassau-Weilburg zu Großherzogtümern. Am 30. August 1806 vereinigten sich diese zum Herzogtum Nassau. Nach dieser Gründung entwickelte sich Wiesbaden in den nächsten vier Jahrzehnten zu einer klassizistischen Residenzstadt. Als 1839 Herzog Adolph von Nassau die Regierungsgeschäfte antrat, entstanden zwischen 1840 und 1870 neben Hotels und Badehäusern auch fünf stadtprägende Sakralbauten, nämlich die katholische Bonifatiuskirche II (1845–1866), die evangelische Marktkirche (1853–1862), die englische Kirche (1863–1865) für die Kurgäste anglikanischen Glaubens, die alte Synagoge (1863–1869, zerstört 1938) und die monumentale russisch-orthodoxe Kirche (Grabkapelle auf dem Neroberg 1849–1855). Zum Teil hatte der Herzog den Kirchengemeinden die Bauplätze geschenkt. Alle fünf Sakralbauten mit ihren Türmen und Kuppeln gaben der Silhouette eine weithin sichtbare städtebauliche Bedeutung. Während bis 1820 Christian Zais (1770–1820) durch seine städtebaulichen Planungen zur Wilhelmstraße und zur Stadterweiterung mit dem „historischem Fünfeck" den Ausbau Wiesbadens zur Residenzstadt vorantrieb, bestimmten zwischen den Jahren 1820 bis 1870 Theodor Goetz (1806–1885) und Georg Christian Carl Boos (1806–1883) mit dem Regierungsgebäude in der Luisenstraße und der Marktkirche das Baugeschehen. Danach plante Philipp Hoffmann (1806–1885), der erste akademisch ausgebildete Baumeister des Herzogtums Nassau, eine Vielzahl von prägenden Bauten.

Wiesbaden liegt am Südhang des Taunus in einer nach Süden offenen, weiten Talmulde, von waldbedeckten Höhen umgeben, rund 117 m über dem Meer. Wegen der ausgedehnten Wälder herrschen sehr günstige klimatische Verhältnisse ohne schroffe Übergänge. Täglich wird die Luft erneuert und die sommerliche Wärme durch die ausgedehnten Waldungen gemindert.

26 heiße Kochsalzquellen von 60° bis 65° C liefern täglich zwei Millionen Liter heißes Mineralwasser, das sind 1.300 Liter in der Minute. Die Beschaffenheit der Quellen hatte schon früh ihre Verwendung in Bade-, Trink- und Inhalationskuren zur Linderung und zur Heilung verschiedenartigst gelagerter Krankheiten gefunden. Dank dieses wertvollen Geschenkes der Natur entwickelte sich Wiesbaden zur Weltkurstadt.

Einmalig ist die rasche Bevölkerungsentwicklung dieser Stadt innerhalb eines Jahrhunderts: von 2.500 Einwohnern im Jahre 1799 auf über 100.000 Einwohner im Jahre 1905. Dieses ungewöhnliche Wachstum war mit einer stürmischen Bautätigkeit verbunden. Sie mündete nicht in eine monotone Massenbauweise, sondern in qualitätvolle, individuelle Bauten, nicht nur von privater, sondern auch von staatlicher und städtischer Seite. Viele Bürger Wiesbadens waren wohlhabend und konnten sich Komfort leisten. Übrigens wohnten im Wiesbaden der wilhelminischen Zeit mehr Goldmark-Millionäre als im 15-fach größeren Berlin.

In der Regierungszeit von Herzog Adolph von Nassau entwickelte sich die kleine Stadt Wiesbaden zu einer repräsentativen Residenzstadt. Bis 1835 herrschte der Klassizismus, dann von 1835 bis zur Abdankung des Herzogs 1866 der Romantische Historismus, um in den Jahren bis 1888 in einen preußisch strengeren Historismus überzuleiten, der sich dann mit dem Späthistorismus (1888–1914) und dem Jugendstil und Neoklassizismus (1895–1914) verschmolz. Da Wiesbaden im Zweiten Weltkrieg wenig zerstört wurde, präsentieren noch heute zahlreiche Bauwerke die Vielzahl der verschiedenen Baustile, oft in einem harmonischen Nebeneinander.

Blick auf den Neroberg, Postkarte Ende des 19. Jahrhunderts ✳ Вид на гору Нероберг. Почтовая открытка конца XIX века

АРХИТЕКТУРА ХРАМА

проф. Зигберт Заттлер

С давних времен Висбаден славился своими термальными целебными источниками.

С 1806 года, когда было основано герцогство Нассау, этот небольшой город стал постепенно превращаться в представительную резиденцию. В период правления герцога Адольфа, с 1839 по 1866 год, наряду с общественными зданиями и комфортабельными отелями были возведены и замечательные культовые сооружения: католическая церковь Святого Бонифатия (1844–1849), русская православная церковь Святой Елисаветы (1846–1855), лютеранская Маркткирхе (1853–1862), синагога (1863–1869). Один архитектурный стиль сменял другой.

До 1835 года господствовал классицизм, далее, вплоть до отречения герцога Адольфа от престола в 1866 году, преобладал романтический историзм, до 1888 года – строгий прусский историзм, который затем перешел в более элегантный поздний историзм (1888–1914); стили модерн и неоклассицизм доминировали в 1895–1914 годах. Стилистически разнообразные архитектурные сооружения и сегодня определяют неповторимость облика города.

Трагическое событие послужило поводом для строительства православной церкви – супруга герцога Адольфа Елизавета, дочь великого князя Михаила Павловича, скончалась при рождении ребенка на 19-м году жизни 28 января 1845 года.

Проект храма было поручено выполнить известному нассаускому архитектору Филиппу Хофману, который совершил поездку в Россию для ознакомления с русской церковной архитектурой, а затем несколько раз побывал в Италии.

По поводу осуществления проекта у него возникли следующие основные идеи:

- место расположения русской церкви должно быть выбрано таким образом, чтобы она четко выделялась на фоне городского пейзажа;

- романтическое представление о мире предполагало гармоничное сочетание постройки с окружающей природой;

- следуя представлениям о православном зодчестве, надгробная церковь должна быть возведена в русско-византийском стиле с куполом над центральным помещением;

- мемориальное здание должно иметь устремленный вверх силуэт;

- в постройке должны найти отражение разнообразные стилистические элементы русской православной архитектуры.

Эти основополагающие идеи особенно четко выражены во внешнем облике храма.

Подобно видению, храм, согласно замыслу Хофмана, возвышается над городом на фоне темно-зеленого леса. Для придания большего контраста первоначально выбранный для строительства красный песчаник был заменен светлым, а за усыпальницей, на склоне горы, посадили ели.

К оформлению интерьеров Хофман привлек известных мастеров. Их портреты помещены в медальонах внутри церкви: слева от южных дверей художник – Тимофей Нефф из Петербурга, справа – скульптор Малачини из Каррары, затем каменных дел мастер Иоганн Петер Леонгард, у западных дверей слева – художник Август Хопфгартен, по другую сторону – архитектор Филипп Хофман и скульптор Эмиль Хопфгартен (с. 64 – 65).

Филипп Хофман своей творческой фантазией соединил традиции русского православного зодчества и красоту итальянско-византийского искусства. Он создал поэтическое творение, впечатление о котором усиливается по мере его созерцания. Вместе с тем, в Висбадене появился замечательный символ романтизма и знаковый памятник, определяющий лицо города.

DER TRAGISCHE ANLASS

Die russische Prinzessin Elisaweta Michailowna war die Tochter von Großfürst Michail Pawlowitsch (1798–1849), dem jüngsten Bruder der Zaren Alexander I. (Regierungszeit 1801–1825) und Nikolaus I. (Regierungszeit 1826–1855).

Am 31. Januar 1844 fand in St. Petersburg die Trauung des regierenden Herzogs Adolph von Nassau mit der jungen Elisaweta Michailowna statt. Seite an Seite feierten beide am 26. März 1844 unter lebhafter Begrüßung vonseiten der Bevölkerung ihren Einzug in die Residenzstadt Wiesbaden. Schon nach kaum zehn Monaten wurde sie dem Gemahl Adolph und dem Lande Nassau, welchem sie durch sozialen Einsatz und ihre Herzensgüte lieb geworden war, durch den Tod entrissen.

Bei der Geburt ihres ersten Kindes, einer Prinzessin, ist die Herzogin von Nassau im 18. Lebensjahr am 28. Januar 1845 um fünf Uhr früh gestorben. Dieses tragische Ereignis wurde als ein belastendes Schicksal empfunden, das sich auf die Seelen der Menschen legte, die in ihrer romantischen Empfindsamkeit ein mitfühlender Widerhall bewegte, der nach einem sichtbaren Zeichen, nach Ausdruck in gebauter Form verlangte.

Zum Gedächtnis an seine so früh dahingeschiedene Gemahlin beschloss Herzog Adolph, ein Mausoleum im Stile des russisch-byzantinischen Kirchenbaus mit darunter befindlicher Gruft errichten zu lassen. Um den zur Erinnerung an die hohe Verblichene ständig abzuhaltenden russischen Gottesdienst auch den nach Wiesbaden kommenden Russen zugänglich zu machen, sollte der Bau eine entsprechende qualitätvolle Ausführung bekommen. Das Äußere sollte monumental in Sandstein, mit metallener Bedachung und goldenen Kuppeln, das Innere mit allen der Architektur, Skulptur und Malerei zu Gebote stehenden Gestaltungsmitteln ausgestattet werden.

Zugleich wurde dabei die Anlage eines russischen Friedhofes angedacht. Dies lag auch im Interesse Wiesbadens und seiner zahlreichen russischen Gäste.

Im Ausland auf ungeweihtem Boden begraben zu werden, war für viele ein schwer zu ertragender Gedanke. Hinzu kam, dass die Bauanlage einer Grabkapelle auch geeignet erschien, in weiteren Kreisen die Aufmerksamkeit der Kunstfreunde auf sich zu lenken, indem hier der hohe Wert und die Bedeutung des byzantinischen Zentralbaustils für die vollkommenste Entwicklung des christlichen Kuppelbaus dargestellt werden konnte.

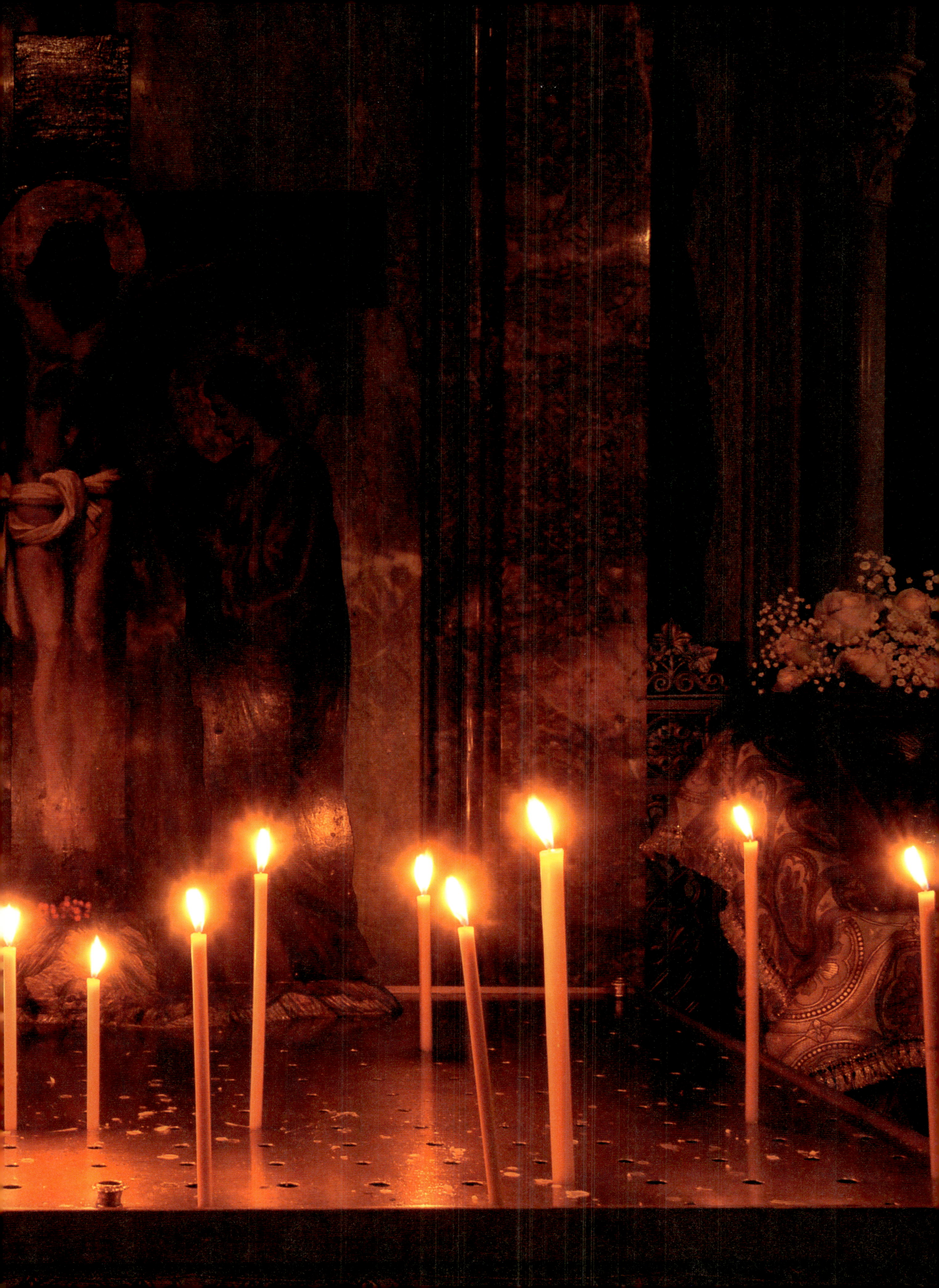

※ KIRCHE UND ARCHITEKTUR ※

VON DEN ERSTEN ENTWURFSIDEEN ZUM PLANUNGSAUFTRAG AN PHILIPP HOFFMANN

Zunächst legte der renommierte Architekt und großherzogliche Baudirektor in Karlsruhe, Heinrich Hübsch (1795 in Weinheim – 1863 in Karlsruhe), einen ersten Entwurf vor. Hübsch schrieb sich im Frühjahr 1813 an der Universität Heidelberg ein, wo er zunächst Philosophie und Mathematik studierte. 1815 trat er in die Bauschule Friedrich Weinbrenners in Karlsruhe ein. Ab 1817 reiste Hübsch nach Italien, wo er während seines dreijährigen Aufenthalts vorzugsweise in Rom, dem Zentrum des deutschen Kunstlebens, lebte. Hübsch studierte die antike Architektur und reiste 1819 auch nach Athen und Konstantinopel. Hübsch lernte in Rom auch die frühchristlichen Basiliken kennen, in denen er Vorbilder für sein eigenes Schaffen erkannte. Er schien – als Kenner aller Stile – der geeignete Baumeister für die Grabkapelle zu sein. Hübsch baute insgesamt über 30 Kirchen für beide Konfessionen im badischen Raum und bildete so den Übergang vom Klassizismus zum Historismus in dieser Region, er bevorzugte dabei den Rundbogenstil frühchristlicher Basiliken.

In seiner architekturtheoretischen Schrift „In welchem Style sollen wir bauen?" rechnet er 1828 mit der klassizistischen Baukunst des frühen 19. Jahrhunderts ab. Er war sich seiner Antwort sicher: Der moderne Rundbogenstil, der sein Programm darstellte, ließ kaum eine freie Wahl zwischen gleichwertigen Alternativen. Trotzdem fasst seine Frage das Problem eindeutig in Worte, das mit dem 19. Jahrhundert erstmals in der Kunstgeschichte auftrat. Von dem Augenblick an, da die Frage gestellt wurde, erhielt sie einen immer weiteren Inhalt, und es wurde immer schwieriger, sie eindeutig zu beantworten.

Der erste Vorentwurf von Hübsch fand wenig Anklang. Auch nicht ein zweiter Entwurf von Baurat Carl Boos und Landbaumeister Philipp Hoffmann. Da die Herzogin in einer dem russisch-orthodoxen Ritus geweihten Grabstätte ruhen sollte, setzte sich Herzog Adolph intensiv für den Bau einer Grabeskirche und würdigen Gedächtnisstätte ein. Damit es zu einem überzeugenden Entwurf käme, wurde schließlich Philipp Hoffmann vom Herzog nach Russland geschickt, um dort die zur endgültigen Ausarbeitung des Planes nötigen Vorstudien zu machen, die sich im Wesentlichen auf die rituale Einrichtungen und den russischen Baustil zu beziehen hatten.

Nicht ausgeführtes Projekt der Russischen Kirche, Vorentwurf von C. Boos und Ph. Hoffmann, 1845
※ *Неосуществленный проект русской церкви в Висбадене. Эскиз К. Бооса и Ф. Хофмана. 1845*

※ KIRCHE UND ARCHITEKTUR ※

AUSWAHL DES BAUGRUNDSTÜCKS

Der Standort am Neroberg, etwas unterhalb des höchsten Punktes im Domanial-Walddistrikt „Grub", war besonders geeignet, weil er die Silhouette der Stadt überragt und beherrscht. Auch die Sichtachse zum Biebricher Schloss war gewährleistet. Durch die enge Verbindung von Landschaft, Natur und Architektur bot gerade dieser Standort alle Voraussetzungen, dem romantischen Zeitgeist die Möglichkeit reicher Entfaltung zu geben. Denn die geistigen Kräfte der Romantik, die zwischen Todessehnsucht und Lebensfreude nach Vollendung in Schönheit suchten, machten den Bau der Kirche erst verständlich.

Um zu dem Bauplatz zu gelangen, musste von der Taunusstraße aus zunächst eine neue Straße geplant und ausgebaut werden, nämlich die Kapellenstraße, die heute im oberen Bereich als Christian-Spielmann-Straße das Kirchengrundstück erschließt.

Lageplan der Russischen Kirche, nicht ausgeführtes Projekt, Entwurf von C. Boos und Ph. Hoffmann, 1845 ※ Общий план расположения русской церкви в Висбадене. Неосуществленный проект К. Бооса и Ф. Хофмана. 1845

✳ KIRCHE UND ARCHITEKTUR ✳

ANREGUNGEN AUF DER STUDIENREISE NACH RUSSLAND

Zwei Reisen Philipp Hoffmanns sind für die Entstehungsgeschichte der Grabkapelle wichtig: nach Russland und später eine weitere Reise nach Italien. Vor Ort konnte Philipp Hoffmann seine Kenntnisse zum einen der russisch-byzantinischen und zum anderen der italienisch-byzantinischen Architektur vertiefen.

Am 28. September 1846 startete Hoffmann von Wiesbaden über Dresden nach Wien, um von der Großfürstin Jelena Pawlowna, der Mutter der verstorbenen Großfürstin Elisaweta Michailowna, wertvolle Informationen zu erbitten. Sie war mit den russischen Gepflogenheiten und der russischen Mentalität bestens vertraut. Und Hoffmann wusste, dass ohne ein Einvernehmen mit der Großfürstin herzustellen, der Bau nicht realisiert werden konnte. Mit Empfehlungsschreiben ausgestattet reiste Hoffmann weiter nach Swinemünde, um an Bord des Dampfschiffes „Nikolai" zum östlichen Zipfel des Finnischen Meerbusens, nach St. Petersburg, zu gelangen.

Architekt Ph. Hoffmann vor dem Hintergrund der von ihm entworfenen St. Bonifatius Kirche in Wiesbaden, Fotografie, 1850er Jahre
✳ *Архитектор Филипп Хофман на фоне спроектированной им церкви Святого Бонифация в Висбадене. Фотография. 1850-е*

ST. PETERSBURG

Am 1. November traf Hoffmann in St. Petersburg ein. Die Stadt wird „das Fenster nach Europa" genannt und liegt zu beiden Seiten der hier 340 bis 650 Meter breiten Newa sowie auf 101 Inseln ihres Mündungsdeltas. Im Jahr 1703 begann Zar Peter der Große mit dem Bau der Peter-und-Paul-Festung, um die in den folgenden Jahren die Stadt entstand. Da Zar Peter diese Stadt zur neuen Hauptstadt machen wollte, ging der Ausbau schnell und großzügig vonstatten. Bereits 1712 übersiedelte der russische Zarenhof hierher, jedoch verblieben wichtige Zentralbehörden in Moskau. So hatte das mächtige Russische Reich verwaltungstechnisch zwei Hauptstädte: In Moskau überwog ein enger Nationalismus, während St. Petersburg sich zu einem geistigen und kulturellen Zentrum entwickelte, dessen Atmosphäre von Aufgeschlossenheit und Kosmopolitismus geprägt war. Bereits vor 1730 entstanden die ersten Museen, Bibliotheken und eine Sternwarte mit modernsten astronomischen Geräten. Auch wirtschaftlich blühte die Stadt, denn Schiffbau, Waffenproduktion und Textilindustrie gaben den Menschen Arbeit. 1764 hatte St. Petersburg bereits 180.000 Einwohner, 1845 waren es schon 350.000.

Der nassauische Baumeister Philipp Hoffmann war in St. Petersburg von der Lebhaftigkeit der Stadt, dem russischen Hof und den repräsentativen Bauten angetan. Nichts war jedoch älter als 150 Jahre, vor allem keine der 75 Kirchenbauten. Seine Enttäuschung, keine einzige im alten russischen Baustil gehaltene Kirche vorgefunden zu haben, ließ er sich nicht anmerken, aber für ihn stand fest, er musste zu den Quellen, zu den Ursprüngen des russisch-orthodoxen Kirchenbaus, nach Moskau, wo die ältesten Bauten Russlands stehen.

Er erwähnt lediglich zwei von Konstantin Andrejewitsch Thon (1794–1881) neu erbaute Kirchen, von denen er nur deshalb pflichtschuldig Kenntnis nahm, weil Thon einen Gestaltungskanon erarbeitet hatte, der ab 1841 für alle Kirchenbauten der Zeit Nikolaus' I. verbindlich wurde. Er vermerkte weiter, dass Thon seinen Baustil am Vorbild der altrussischen Kirchen in Moskau entwickelt habe, und er wolle deshalb keine Zeit verlieren, um an die Quellen zu eilen, um daraus soviel Weisheit zu schöpfen, wie er eben vermöchte.

Die meisten Kirchenbauten von Thon stehen in St. Petersburg. Hoffmanns wachsamer Geist und seine schöpferische Phantasie ließen sich nicht in einer kanonisierten Formenwelt einfangen. Er besorgte sich zwar die Pläne vom Großen Kremlpalais (1838–1849), das unter Thon in Moskau im Bau war, mit Sicherheit aber nur, um dem Herzog über die Baumaßnahme der russischen Verwandten berichten zu können. Er erwähnte jedoch mit keinem Wort die zur gleichen Zeit im Bau befindliche Erlöser-Kirche von Thon dort (1837–1881). Hoffmann hatte bemerkt, dass mit Thon eine Verflachung, ein historisierender, pseudorussischer Stil, ja ein Verfall russischer Kirchenbaukunst eingetreten war. Umso intensiver widmete er sich deshalb den Ursprüngen russischer Kirchenbaukunst: den Kirchenbauten aus der Zeit der russischen Renaissance.

Mit Kenntnis und Sicherheit griff er sich die für ihn wichtigsten Bauten heraus und hielt diese in einer Vielzahl von Zeichnungen fest. Stellvertretend mag die Kirche Johannes des Täufers in Djakowo am steilen Ufer der Moskwa vor den Toren von Moskau stehen. 1547 erbaut, repräsentiert sie den grundlegenden Typ traditioneller russischer Architektur: Über einem achteckigen Grundriss erhebt sich ein zentraler Raum, von einer Mittelkuppel überwölbt, der in der äußeren Erscheinung von vier Seitentürmen umstellt wird.

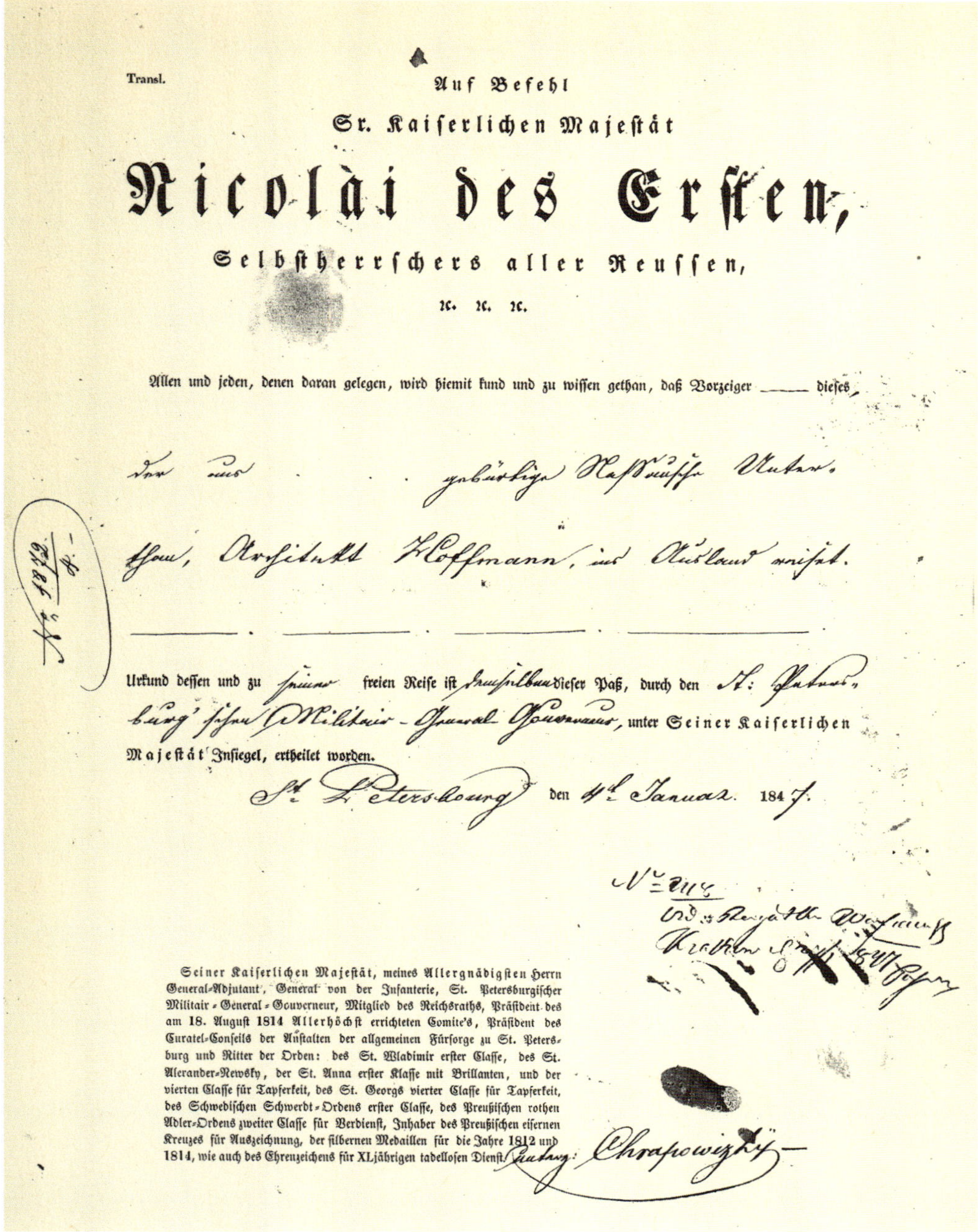

Genehmigung der Reisefreiheit in Russland, ausgestellt auf Ph. Hoffmann in St. Petersburg im Januar 1847 ✷ *Свидетельство на право свободного проезда по России, выданное Филиппу Хофману в Петербурге в январе 1847 года*

Das vieltürmige Moskau entsprach vollständig der romantischen Vorstellungswelt Hoffmanns, von der Prachtentfaltung und dem gestalterischen Reichtum war er begeistert. Sein Entschluss, nach Moskau zu reisen, war richtig, weil er in St. Petersburg nicht das wahre Gepräge der alten russischen Kirchenbaukunst vorfand.

KIRCHE UND ARCHITEKTUR

MOSKAU

Am 23. November 1846 kam Hoffmann in Moskau an. Nach dem ersten Blick auf diese wundervolle alte Stadt war er überzeugt, dass hier der Zweck seiner Reise vollkommen erfüllt war.

Moskau wird bereits 1147 erwähnt. Das bedeutsamste Bau- und Geschichtsdenkmal ist der Kreml, der älteste Teil Moskaus. Die bis heute erhalten gebliebenen Mauern und 19 Türme wurden im 15. Jahrhundert errichtet und waren damals eine beachtliche Befestigungsanlage.

Viele Klöster und Kirchen besuchte Hoffmann. Die ältesten erhaltenen Baudenkmäler sind die Mariä-Entschlafens-Kathedrale von 1479, die Verkündigungs-Kathedrale von 1489 und die Erzengel-Kathedrale aus dem Jahre 1509, die Mariä-Gewandniederlegungs-Kirche von 1486, der Facettenpalast aus dem Jahre 1491 sowie der 80 Meter hohe Glockenturm Iwan der Große (Kolokolnja Iwana Welikogo) von 1508. Später kamen die Kirche zu den zwölf Aposteln mit dem Patriarchenpalast und der Terem-Palast, beide erbaut im 17. Jh., das Arsenal von 1736 und der Senatspalast aus dem Jahre 1787 hinzu.

Eines der schönsten Klöster Moskaus ist das Nowodewitschi-Kloster am rechten Moskwa-Ufer südwestlich des Stadtzentrums. Es war für 400 Jahre Zeuge historischer Ereignisse und wird bis heute mit Namen historischer Persönlichkeiten wie Iwan der Schreckliche, Boris Godunow und Peter der Große verknüpft. Die architektonische Gesamtheit des Klosters entstand Ende des 17. Jahrhunderts und es ist bis heute eines der besten seiner Art in ganz Russland. In der Smolensker Kathedrale ist eine wertvolle Wandmalerei des 16. Jahrhunderts und eine prächtige Ikonostase mit den Ikonen der bekanntesten kaiserlichen Herrschaften jener Zeit zu besichtigen. In unmittelbarer Nähe des Klosters liegt der Nowodewitschi-Friedhof, auf dem zahlreiche berühmte Persönlichkeiten ihre letzte Ruhestätte gefunden haben.

Östlich des Stadtzentrums, im früheren Andronnikow-Kloster, befindet sich das Museum des Malers Andrej Rubljow (1360–1430), in dem der Meister der russischen Ikonenmalerei und der Begründer der Moskauer Malschule im 15. Jahrhundert als Mönch lebte, starb und auch beigesetzt wurde. Das Museum beherbergt Ikonenmalerei des 14. bis 17. Jahrhunderts.

In älteren Veröffentlichungen wird ausgeführt, die Wiesbadener Kapelle sei angeblich nach dem direkten Vorbild der Moskauer Erlöserkirche gebaut worden. Die Erlöserkirche genießt in der russisch-orthodoxen Kirche wegen ihrer wechselvollen Geschichte ein hohes Ansehen. Sie wurde von Konstantin Thon, dem Lieblingsarchitekten von Zar Nikolaus I., erbaut. Thon lebte fast zehn Jahre in Italien, insbesondere in Rom und verstand es wie Hoffmann, in der Sakralbaukunst ein Gemisch aus antikisierenden, altrussischen, byzantinischen und renaissance-italienischen Elementen vorzuschlagen. Ob die Erlöserkirche bei Hoffmanns Moskauaufenthalt überhaupt bekannt war, ist ungeklärt, weil der Bau erst 1881 vollendet wurde.

Panoramablick auf den Moskauer Kreml, Studienblatt von Ph. Hoffmann, Ende 1846/Anfang 1847 ✵ *Панорама Московского Кремля. Рисунок Ф. Хофмана. Конец 1846 – начало 1847*

Über seine Russlandreise im Winter 1846/47 berichtet Hoffmann:

»Das herrliche Petersburg mit seinen 75 zum Theil höchst großartigen Kirchenbauten war ein vortreffliches Feld hierfür. Als charakteristisch macht sich hier bei allen diesen Bauten der bogenförmige Giebelabschluß des Unterbaues nach oben in kleinere Bautheile aufgelöst, bemerkbar, dann die höher aufsteigenden kuppelbedeckten Eckthürme und die noch bedeutender emporragende Hauptkuppel. Diese mannigfaltig gestalteten Kirchen mit ihren vielen Kreuzen und in Gold strahlenden Kuppeln geben der Stadt ein überaus prunkvolles und an orientalischen Anklängen reiches Bild. Es ist den seit Einführung des Christenthumes in Rußland unter Wladimir dem Großen im Jahre 988 nach dem Vorbilde der Sophienkirche in Principe (vermutlich ist die Sophien-Kathedrale („Sobor Sofii") in Kiew gemeint) aufgenommene Kirchenbau, der im Wesentlichen bis auf die Gegenwart beigehalten worden ist. Im Grundrisse bildet der mittlere Hauptraum ein von vier Gurtbögen und von der Hauptkuppel überwölbtes Quadrat. Nach außen in Kreuzform vortretend, schließen sich vier mit Tonnengewölben überdeckte Seitenräume an die Gurtbögen an. An den Zusammenstössen der Kreuzarme sind vier quadratische Eckräume gebildet, über welche gewöhnlich kleinere Kuppelthürme, die Hauptthüre in regelmäßiger Vierung umgebend, emporragen.

Nach dem Ritus ist die für den Altar und das Allerheiligste bestimmte Stelle in dem erhöhten östlichen Kreuzarm durch das davor aufzurichtende Ikonostas (= Bilderwand) von dem übrigen Kirchenraum zu scheiden und nur durch die in der Mitte befindliche Thüre den Blicken der Gläubigen zu zeigen, während für den Verkehr beim Gottesdienst zwei Seitenthüren angebracht sind. Auch an der Außenseite macht sich die Stelle des Heiligthums entweder durch eine vorspringende Conche oder bei kleineren Kirchen durch eine Nische geltend. Der Raum vor der Bildwand ist zur Vornahme der kirchlichen Handlungen und zur Aufnahme eines Sängerchores hergerichtet und durch ein Gitter von dem übrigen Raum der Kirche getrennt. Dem Ikonostas gegenüber, in der westlichen Kreuzvorlage, zuweilen in einem kleinen Vorbau befindet sich der Eingang.

Dieses System findet sich im Wesentlichen bei fast allen Kirchen Petersburgs, je nach Größe des Baus mehr oder weniger ausgebildet und zergliedert. Um jedoch ein ganzes Bild des russischen Kirchenbaues zu erhalten, musste der Architect noch die unter direkterem byzantinischen Einfluß entstandenen Bauten in Moskau, der alten Hauptstadt Rußlands, besichtigen. Nur die aus älterer Zeit stammenden Kirchen boten ihm noch ein besonderes Interesse. Sie zeigen eine etwas andere innere Eintheilung und dadurch bedingten länglich rechteckigen Grundriß, ihre äußere Erscheinung aber ist schwerfällig zu nennen; es fehlt an einer dem Inneren entsprechenden Gliederung des Äußeren, an einem den Unterbau und Oberbau vermittelnden Glied, welchen Mangel der bogenförmige Giebelschluß der letzteren nicht mildert, und dann sind die Kuppeln unverhältnismäßig klein.

Kirche in Djakowo bei Moskau, Studienblatt von Ph. Hoffmann, Ende 1846/Anfang 1847 ✳ Церковь в селе Дьякове под Москвой. Рисунок Ф. Хофмана. Конец 1846 – начало 1847

KIRCHE UND ARCHITEKTUR

Moskau ist wie Rom auf sieben Hügeln erbaut und zählt 360 Kirchen, wovon jede 7 bis 9 Kuppeln und Türme hat. Die meisten dieser Kirchen tragen in ihrer Einrichtung in Form und Farbe den Typus der byzantischen und maurischen Bauart, welche Baustyle an diesen Gebäuden in ein übereinstimmendes Ganzes gebracht sind, an sich.

Von vielen erhabenen Standpunkten der Stadt, namentlich vom Kremlin aus, sieht man über die weit gedehnten Häusermassen hunderte von Kirchen hervorragen, deren Äußeres an und für sich schon sehr charakteristische Constructionsformen meistens noch mit sprechenden Farben von Rot, Terra, Grün und Blau und vielfältig mit gebrannten farbigen, sehr geschmackvoll gearbeiteten Cacheln gekleidet sind, man sieht über diesen Kirchen tausende von goldnen und silbernen Kuppeln mit goldnen Kreuzen sich erheben, welche im Sonnenschein wie ein Meer von goldenen Sternen erglänzen, und Sie werden eine Vorstellung von dem Anblick dieser wunderbaren Stadt erhalten, in welcher man sich mehr in Asien als in den Norden von Russland gesetzt glaubt.

Ebenso eigentümlich und interessant ist die innere Ausstattung dieser Kirchen, sowohl Schönheit wie Reichthum, ...hier ist daher der Ort, wo ich meine Notizen vor allem sammeln muß, und ich hielt es daher für angemessen, mich hier am längsten aufzuhalten. Ungeachtet der üblen Jahreszeit, einer Taglänge von nur fünf Stunden, und bey den großen Entfernungen in dieser Stadt habe ich doch bis jetzt viel gezeichnet und hoffe, Zeichnungen von Gegenständen zum Zwecke des Kapellenbaues vorlegen zu können, welche sich vielleicht des höchsten Beifalls der Hoheit des Herzogs erfreuen dürften. Den weiteren höchsten Auftrag seiner Hoheit werde ich mit besonderem Vergnügen vollziehen, da ich hier eine Ausstattung des Inneren der Kirchen mit Marmor nicht vorgefunden habe, in dem das Innere der Kirchen dahier vorzugsweise aus Stein u. Bildhauerarbeit, Malerei, Schnitzwerk und Vergoldung besteht. Wegen Ausfertigung von einigen mir sehr nothwendig scheinenden Zeichnungen werde ich meine Abreise von hier am 4. Januar antreten, und in Petersburg nur so lange verweilen, bis ich nach Warschau meine Passangelegenheit und allenfalls eine Empfehlung ...erhalten habe, was wohl in acht Tagen abgemacht seyn dürfte. Es dürfte wohl recht gut seyn, um die vorläufige Genehmigung des Plans von Ihrer Kaiserlichen Hoheit der Großfürstin [Helene] zu erhalten und um allenfalls alle möglichen Anstände nötigenfalls gleich zu beseitigen, dass ich von Krakau die Rückreise über Wien nähme, um dort den Plan Ihrer Kaiserlichen Hoheit vorzulegen, da bey späterer Einsendung des Plans allein vielleicht kleine Anstände großen Aufenthalt machen dürften.«

Dreifaltigkeitskirche in Nikitniki, einem historischen Stadtteil Moskaus, Studienblatt von Ph. Hoffmann, Ende 1846/Anfang 1847 ※ Церковь Троицы в Никитниках. Рисунок Ф. Хофмана. Конец 1846 - начало 1847.

Königspforte der Ikonostase einer Kirche im Moskauer Kreml, Studienblatt von Ph. Hoffmann, Ende 1846/Anfang 1847 ✹ Царские врата иконостаса церкви Словущего Воскресения в Московском Кремле. Рисунок Ф. Хофмана. Конец 1846 - начало 1847

In seinem Skizzenbuch zu Russland befinden sich 33 Blätter. Ob Hoffmann alle Zeichnungen trotz des kalten Winters und der kurzen Tageszeiten vor Ort erbracht hat, ist fraglich. Die Darstellungen des Kremls und der Basilius-Kathedrale am Roten Platz zeigen, mit welcher Gründlichkeit er sich an den entscheidenden Dokumenten russischer Baukunst orientierte.

Am Entwurf für die Grabkapelle hatte Philipp Hoffmann stetig weitergearbeitet. Auf seiner Rückfahrt reiste er wieder über Wien, um der Großfürstin Jelena Pawlowna die Vorentwurfspläne vorzulegen. In den fast 20 Wochen seiner Russlandreise bewältigte Hoffmann für damalige Verhältnisse große Entfernungen. Er brachte auch eine umfangreiche Vorbildersammlung an Zeichnungen mit und setzte mit bemerkenswerter Zielstrebigkeit, diplomatischem Geschick und beachtenswerter persönlicher Sicherheit seinen in Wiesbaden bereits als richtig erkannten Weg konsequent fort und kam mit einem genialen Vorentwurf, dem auch Großfürstin Jelena Pawlowna zugestimmt hatte, nach Wiesbaden zurück.

Wie sicher er sich in seinen Vorstellungen fühlte, beweist sein Hinweis auf einer Grundrisszeichnung der Kapelle, wozu er später fast triumphierend vermerkte: Idee vor meiner Reise nach Russland. In einem später verfassten Aufsatz zur Kapelle beschreibt Hoffmann den Entwurf, der in seiner doppelten Bedeutung als Grabdenkmal und als Kirche sehr passend die einfachste byzantinische Zentralanlage mit hohem pyramidalen Aufbau aufnahm. Um bei der beschränkten Ausdehnung der ganzen Anlage einen möglichst großen Mittelraum von neun Metern ins Gevierte zu erlangen, sind freistehende Pfeiler vermieden und die vier Eckräume als Widerlager der Gurtbögen herangezogen worden, worüber sich die innere Hauptkuppel, mit einer weiten Lichtöffnung in den hohen Kuppelturm, erhebt.

Angeregt von der Erfahrung der Russlandreise gelang es Hoffmann in kürzester Zeit, den endgültigen Entwurf fertigzustellen, der mit herzoglichem Dekret vom 17. März 1847 seine Genehmigung erhielt. Gleichzeitig wurde Hoffmann von allen sonstigen dienstlichen Aufgaben und Ämtern freigestellt, damit er sich ausschließlich dem Bau der Grabkapelle widmen konnte.

Maria-Schutz-(Basilius)-Kathedrale auf dem Roten Platz, Studienblatt von Ph. Hoffmann, Ende 1846/Anfang 1847 ✹ Собор Покрова Пресвятой Богородицы на Красной площади. Рисунок Ф. Хофмана. Конец 1846 - начало 1847

MOSKAUER EINDRÜCKE DES NASSAUISCHEN ARCHITEKTEN

Marina Werschewskaja

Getragen von dem Wunsch, die historische russische Architektur persönlich kennenzulernen, reiste Philipp Hoffmann im Jahre 1846 nach Russland. Schon bald verließ er seine erste Station, das „europäisierte" St. Petersburg und begab sich nach Moskau, in die alte russische Hauptstadt. Das Album mit den Zeichnungen des Architekten und seine Briefe belegen anschaulich, wie ernsthaft und kreativ er auf seiner Suche nach Vorbildern für die orthodoxe Kirche vorging, die in Wiesbaden errichtet werden sollte. Die von ihm im Skizzenbuch festgehaltenen Baudenkmäler aus der Moskauer Vergangenheit sind ausgezeichnete Beispiele der russischen Baukunst.

Auf einigen Zeichnungen ist das überwältigende Panorama des Moskauer Kreml dargestellt, der auf einem hohen Hügel im Zentrum der Stadt über dem Moskwa-Fluss thront. Es ist ein prächtiges Ensemble, bestehend aus einer Ansammlung goldbekrönter Kirchen, gewaltigen Palästen, uralten Festungsmauern und Türmen, entstanden im Verlauf vieler Jahrhunderte. Die mächtigen Mauern und Türme, errichtet vom Ende des 15. Jahrhunderts bis zum Anfang des 16. Jahrhunderts, bestimmen den ältesten Teil von Moskau. Auf einer Zeichnung Hoffmanns mit der Aufschrift „Die Tore des Spasskii (Erlöser)-Turmes" ist der obere Teil eines der fünf Tor-Türme des Kreml zu sehen. Die Tore dieses Turmes, die auf den Roten Platz führen, waren stets die Parade-Einfahrt in den Kreml. Die mehrstöckige Spitze des Erlöserturmes und sein steinernes Zeltdach wurden in den 20er Jahren des 17. Jahrhunderts errichtet. Bald erhielt die Spitze des Daches das Wappen des Russischen Reiches, den doppelköpfigen Adler. 1935 wurde der Adler durch einen fünfzackigen, roten, aus „Rubinglas" gefertigten und von innen beleuchteten Stern ersetzt.

Im Zentrum des Kreml erhebt sich ein eindrucksvolles Bauwerk von 81 m Höhe: der Glockenturm Iwan der Große. Der säulenartige Turm war der wichtigste Beobachtungsturm des Kreml, von dem aus die gesamte Umgebung Moskaus überblickt werden konnte.

Auf derselben Zeichnung, hinter den Mauern des Kreml, nahe dem Glockenturm und den Kuppeln der alten Kirchen, erstreckt sich die Fassade des Großen Kremlpalastes. Der Bau dieser neuen Herrscherresidenz nach den Plänen von Konstantin Thon befand sich gerade zu der Zeit, als Hoffmann in Moskau war, im Zustand der Fertigstellung. In diesem Zusammenhang ist anzumerken, dass Thon, der Lieblingsarchitekt von Nikolaus I., in den 30er Jahren des 19. Jahrhunderts der Begründer des „Russischen Stils" wurde, einer Richtung des Historismus in Russland.

Dem Nassauer Baumeister konnte auch eine solche Sehenswürdigkeit, wie die Mariä-Schutz-Kathedrale, errichtet auf dem Roten Platz in der Mitte des 16. Jahrhunderts zur Erinnerung an die Unterwerfung Kasans durch die Truppen des Zaren Iwan des Schrecklichen nicht entgehen. Im Anschluss an die Fertigstellung des Bauwerkes entstand als Anbau eine Kapelle zur Verehrung des Seligen Basilius, eines berühmten Moskauer „Gottesnarren", die über seinem Grab errichtet wurde. Daher rührt auch der heute gebräuchliche Name: Basilius-Kathedrale. Die Kathedrale vereinigt in sich acht kleinere Kirchen bzw. Kapellen, die sich um die Hauptkirche gruppieren sowie den Glockenturm. Das zentrale Haupt der Kathedrale in Form eines hohen Zeltdaches wird von den Kuppeln der Nebenkirchen umstellt, von denen keine der anderen gleicht. Alle Kirchen sind zu einem einzigen Bauwerk verschmolzen und durch Galerien verbunden. Diese malerische Kathedrale gilt zu Recht als ein Symbol, nicht nur von Moskau, sondern von ganz Russland.

Neben der Kathedrale befindet sich der Richtplatz, die Schädelstätte – Lobnoje Mesto – eine runde Plattform mit einer hohen steinernen Umrandung. Sie liegt auf einer kleinen Anhöhe vor dem Abstieg zum Moskwa-Ufer. Hier wurden in alten Zeiten die Ukase der Zaren ausgerufen und wichtige Ereignisse bekannt gegeben.

Von besonderem Interesse sind die Zeichnungen Hoffmanns, die er von einigen Moskauer

Kirche des hl. Nikolaus in Chamowniki, einem historischen Stadtteil Moskaus, Studienblatt von Ph. Hoffmann, Ende 1846/Anfang 1847 ✹ Церковь Святителя Николая в Хамовниках. Рисунок Ф. Хофмана. Конец 1846 – начало 1847

Kirchen angefertigt hat. Da ist zunächst die Kirche Johannes des Täufers aus dem Dorf Djakowo, das ursprünglich außerhalb von Moskau lag und später und später eingemeindet wurde. In dieser Kirche umstehen vier niedrige, achteckige Kapellen dicht einen erhöhten, zentralen Baukörper, der in Form eines säulenförmigen Turmes ausgeführt ist. Es wird angenommen, dass die Architekturelemente

✳ MOSKAUER EINDRÜCKE DES NASSAUISCHEN ARCHITEKTEN ✳

МОСКОВСКИЕ ВПЕЧАТЛЕНИЯ НАССАУСКОГО АРХИТЕКТОРА

Марина Вершевская

Следуя желанию лично познакомиться со старинной русской архитектурой, Филипп Хофман отправился из европеизированного Петербурга в древнюю русскую столицу – Москву. Альбом зарисовок архитектора и его письма конца 1846 – начала 1847 года наглядно свидетельствуют, насколько творчески и серьезно подошел он к поиску прообразов для православной церкви, которую предстояло возвести в Висбадене.

Запечатленные им в альбоме памятники старины – Московский Кремль, многоярусная башня Спасских ворот, собор Покрова Пресвятой Богородицы, церковь Усекновения главы Иоанна Предтечи в селе Дьякове, храм Святителя Николая в Хамовниках и церковь Троицы в Никитниковом переулке – представляют великолепные образцы русского зодчества.

im Zentrum von Moskau zu sehen, die in den Jahren 1679–1682 gebaut wurde. Anschließend erhielt das Bauwerk mit dem viereckigen Grundriss ein niedriges Refektorium (Trapeznaja), das auf der Zeichnung rechts dargestellt ist, sowie einen schlanken Glockenturm. Die Fassade der aus Ziegeln errichteten Kirche ist mit weißen Steinen akzentuiert und mit roten und grünen Platten gekachelt. Von Kunsthistorikern wird der Stil der Kirche dem Moskauer Barock am Ende des 17. Jahrhunderts zugeordnet. Überdies enthält das Bauwerk Züge der altrussischen Architektur. Die vertikale Ausrichtung des Baukörpers wird durch die gestreckten Proportionen der Fenster, die spitzen oberen Abschlüsse der Fensterumrahmungen und die schlanken Tambouren der Türme verstärkt. Den oberen Teil des Gebäudes schmückt eine Reihe von sog. Eselsrücken, eine charakteristische Besonderheit der Moskauer Baukunst.

Auf einer gesonderten Zeichnung hat Hoffmann einen ausgeschmückten Glockenturm festgehalten, der von einer kleinen Kuppel gekrönt wird. Offensichtlich wurde seine Aufmerksamkeit durch den Formenreichtum der Dekoration angespornt: Die in sog. Eselsrücken endenden gezackten Bögen, die gemusterten Umrahmungen, die jede Öffnung des Zeltdaches betonen, sowie die grellfarbigen Kacheln.

Mit ihren wunderlichen Formen und einem märchenhaften Reichtum an Details überrascht die in Kitai-Gorod gelegene Dreifaltigkeitskirche in Nikitniki. Sie wurde in der Mitte des 17. Jahrhunderts mit dem Geld des reichen Kaufmanns Nikitinikow in der Nachbarschaft seines Hauses gebaut. Diese Kirche ist ein Meilenstein in der Geschichte der russischen Baukunst. Sie diente als Vorbild für viele Moskauer Kirchen in der zweiten Hälfte des 17. Jahrhunderts. Die Kirche krönen fünf Kuppeln, die auf zwei Reihen von sog. Eselsrücken ruhen, wobei vier Kuppeln sich als rein dekorativ erweisen und nur die zentrale Kuppel als Lichtquelle dient. Philipp Hoffmann zeichnet die Kirche von der Westseite, dort wo die Kirche von einer gedeckten Galerie umfangen wird. Von der Nordseite, wie auf einer der Zeichnungen zu sehen ist, nähert sich das hohe Zeltdach des Glockenturms der Galerie. Auf einer anderen Zeichnung ist die prächtige Freitreppe zu sehen, welche von der Südseite her die Galerie abschließt und ebenfalls durch ein kleines Zeltdach betont wird. Die Wände der Kirche sind mit Schnitzwerk aus weißem Stein geschmückt. Die Fenster sind von verschiedenen Rahmentypen eingefasst, wobei unterschiedliche Kachelformen Verwendung finden. Es sei hier angemerkt, dass die dekorativen Details, die in Überfülle die Dreifaltigkeitskirche schmücken, seitdem einen „Architektur-Kanon" des „Russischen Stils" darstellten, der in der Baukunst des 19. Jahrhunderts erneut eine Wiedergeburt erfuhr. Eben diesem Stil folgte Philipp Hoffmann bei der Verwirklichung seines Projekts der Russischen Kirche in Wiesbaden.

und die innere Ausgestaltung dieser Kirche in Djakowo (1547) in vielem beim Bau der Basilius-Kathedrale als Vorbild gedient haben. Auf der Zeichnung, welche die westliche Seite der Kirche mit dem zweigeschossigen Glockenturm zeigt, widmet sich Hoffmann mit großer Aufmerksamkeit der phantasievollen Vielfalt von Details der dekorativen Formgebung. Bei der Betrachtung der Fassaden kann man einige Übereinstimmungen mit romanischen Kirchen entdecken.

Auf einer anderen Zeichnung ist die 5-Kuppel-Kirche des Heiligen Nikolaus im Bezirk Chamowniki

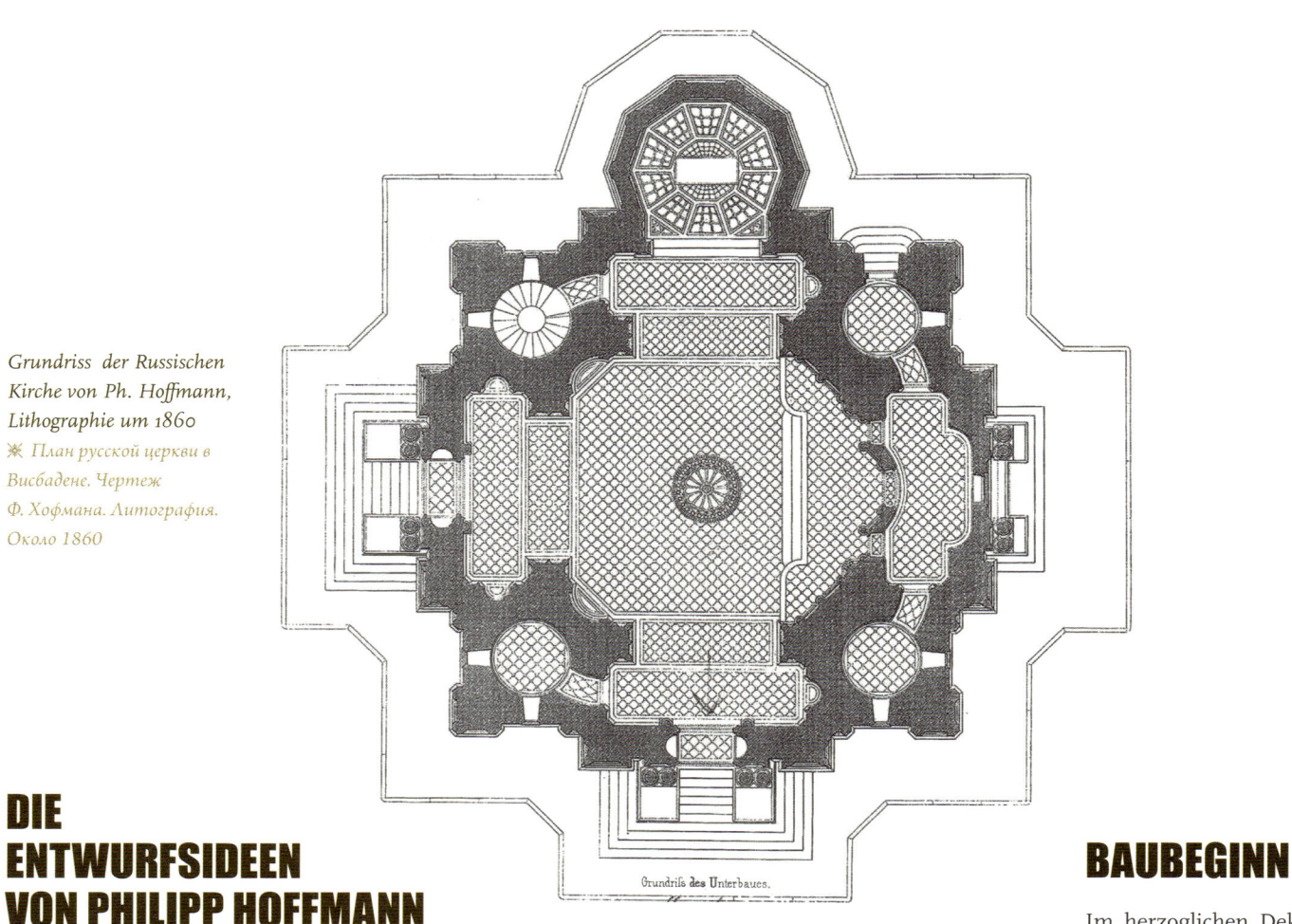

Grundriss der Russischen Kirche von Ph. Hoffmann, Lithographie um 1860
✷ *План русской церкви в Висбадене. Чертеж Ф. Хофмана. Литография. Около 1860*

DIE ENTWURFSIDEEN VON PHILIPP HOFFMANN

Auf der Russlandreise verfestigten sich bei Philipp Hoffmann verschiedene Entwurfsideen:

1. Der Standort musste innerhalb der Stadtsilhouette prägnant und herausragend sein.

2. Die romantische Ideenwelt drängte nach einer Verbindung von Bauwerk und Natur.

3. Eine Grabeskirche nach klassisch-orthodoxem Verständnis verlangte einen kuppelüberwölbten Zentralraum.

4. Als Gedenkstätte wurde bauliche Überhöhung verlangt.

5. Alle Stilelemente des russisch-orthodoxen Glaubens sollten sich im Bauwerk symbolisch niederschlagen.

Diese Grundsätze treten in der Fassade besonders deutlich hervor. Der erste Entwurf von Boos und Hoffmann mit dem hochaufragenden Mittelbau, den beidseitigen dreibogigen Arkaden mit je einem Abschlusspavillon, das Ganze, eine Gloriette über der Stadt vor dem dunkelgrünen Hintergrund des Waldes, ist eine Vision, die über die gesamte Bauzeit hinweg nach Verwirklichung suchte. Den ursprünglich in rotem Sandstein geplanten Bau (nur die Gruftkapelle wurde so ausgeführt) änderte Hoffmann in hellen Sandstein, weil sich die Kapelle so besser gegen den dunklen Waldhintergrund abhob. Zusätzlich wurden Tannen angepflanzt, um den Kontrast zum hell schimmernden Kirchenbau zu erhöhen.

DIE FINANZIERUNG

Die Mitgift des Zarenhauses war reichlich. Aus den Zinserträgen der Dotalgelder war die Finanzierung gesichert. Jährlich vermehrte sich das Vermögen um über 32.000 Gulden. Von 1848 bis 1857 kamen insgesamt 329.137 Gulden und 21 Kreuzer zusammen. Unter Artikel XIV des Ehevertrages war vereinbart worden, dass im Falle des Ablebens der Großfürstin ohne Erben der Herzog zeitlebens in den Genuss der Zinsen aus den Dotalgeldern kommen sollte. Die Dotation betrug eine Million Silberrubel. Bis zum 1. Oktober 1857 betrugen die Bauausgaben 463.137 Gulden 49 Kreuzer. Selten ist eine Baumaßnahme mit den Veranschlagungen, Verträgen, Rechnungsbelegen und Kostenzusammenstellungen besser dokumentiert worden. Diese Unterlagen befinden sich heute im Hessischen Staatsarchiv Wiesbaden.

BAUBEGINN

Im herzoglichen Dekret vom 5. März 1846 wird Philipp Hoffmann ermächtigt, den Bauplatz herzurichten. Insbesondere wird er beauftragt, die genaue Lage des Bauplatzes zu bezeichnen. Am 16. März 1846 war die Baustelle für das Hauptgebäude vermessen und nach Hoffmanns Angaben abgesteckt worden. Hoffmann berichtete seiner vorgesetzten Dienststelle, dass er unter Ausschluss der nach seinen Plänen projektierten Seitenflügel und des damit in Verbindung stehenden Pfarrhauses alles vorbereitet habe. Allerdings hatte der Herzog den ersten Entwurf von Hoffmann zur Grundlage der einleitenden Baumaßnahmen bestimmt, jedoch ohne alle Nebenbauten. Eine kluge Entscheidung, man hielt sich so alle Optionen offen. Deshalb ließ Hoffmann den Bauplatz so groß vermessen, dass die Gesamtanlage darauf hätte entstehen können. Noch heute wirkt das Plateau um die Grabkapelle sehr groß. Die endgültige Planvorlage durch Hoffmann erfolgte 1847, im Frühjahr 1849 wurde mit dem Bau begonnen.

KIRCHE UND ARCHITEKTUR

BAUÜBERGABE UND EINWEIHUNG

Elf Jahre nach dem Tod der Herzogin Elisaweta hatte sich die Welt verändert. Nicht nur die 1848er Revolution hatte ihre politischen und gesellschaftlichen Spuren hinterlassen und den Abschluss einer Epoche sichtbar gemacht. Besonders vielfältig waren die wirtschaftlichen und künstlerischen Veränderungen. Aus dieser Situation heraus drängte der Herzog zum raschen Bauabschluss der Kapelle, um einem abgeschlossenen Zeitabschnitt auch äußerlich ein Ende zu setzen. Seit 1851 war er bereits wieder verheiratet. Die schicksalsmäßige Ursache für den Bau der Kapelle war längst Vergangenheit. Der Herzog drängte so sehr, dass es der Großfürstin Jelena Pawlowna nur mit entsprechendem Nachdruck gelang, den Bau eines kleinen Pfarrhauses zu erreichen, welches als Aufseherwohnung und Nebengebäude zur Grabkapelle für den Priester, den Psalmenleser und den Verwalter genutzt werden sollte.

Endlich, nach sechsjähriger Bauzeit, wurde die Grabkapelle am 25. Mai 1855 feierlich eingeweiht. Für das kleine Herzogtum Nassau war dies ein herausragendes Ereignis öffentlicher wie politischer Selbstdarstellung des Herzogshauses im Blick auf Russland und Württemberg. Die Zeremonie erhielt nicht nur ein kirchlich-religiöses Gewicht durch die einmalige Entfaltung orthodoxer Prachtfülle, sondern wirkte sich auch auf das kulturelle Leben in Wiesbaden, auf seine Gäste und den wachsenden Zustrom russischer Neubürger aus. Letztlich ging es nicht mehr um die verstorbene Herzogin, sondern um die Verdeutlichung einer romantischen Idee, die durch ihren Tod weiterleben sollte.

Südliche Ansicht der Russischen Kirche, Lithographie von Ph. Hoffmann, um 1860, mit 1982 durchgeführten Proportionsstudien von P. Jesberg, der das Schaffenswerk Ph. Hoffmanns bearbeitet hat

✵ *Южный фасад русской церкви в Висбадене. Литография Ф. Хофмана около 1860 года. Обозначение пропорций нанесено в 1982 году П. Ясбергом, исследователем творчества Ф. Хофмана*

*Architektonische
Fassadenverzierungen*
✳ *Декоративное убранство
фасада*

AUSSENARCHITEKTUR

Von Philipp Hoffmanns erster Entwurfsidee, die Grabkapelle in eine weit gedehnte Gloriette mit beidseitigen Arkadenflügeln einzuspannen, durch die der Wald hindurchtritt, ist in der Realisierungsphase letztlich nur ein Torso geblieben. Um 1850 bewegte die Gloriette erneut die Vorstellungswelt der Baumeister. Demnach sollte die Silhouette der Stadt in der Gloriette ihre großzügige Bekrönung erhalten. Johann von Hetzenberger (1732–1790) war der Ideengeber, denn er hatte die Idee der Gloriette in dem Bau auf der Anhöhe über dem Park von Schloss Schönbrunn realisiert.

Auch die Gestaltung der weiteren Umgebung der Russischen Kirche durch den herzoglichen Gartenbaudirektor Karl Friedrich Thelemann (1811–1889) wurde nicht fortgeführt, so dass bis heute Defizite im Außenbereich bestehen. Nicht einmal die von den Zeichnungen her bekannte Balustrade, die dem Plateau vor dem Abhang des Nerobergs Halt und eindeutige Begrenzung gegeben hätte, wurde gebaut. Um die exponierte städtebauliche Lage noch zu betonen, wechselte man von dem ursprünglich geplanten roten zu einem hellen Sandstein über. Zusätzlich hinterpflanzte man den Rand des Buchenwaldes mit dunkelgrünen Fichten. Nachfolgende Generationen haben leider vergessen, die alternden Fichten durch junge zu ersetzen.

Die Kirche hat zwei Eingänge: Der Südeingang war ausschließlich für die herzogliche Familie und die Zarenfamilie bestimmt. Hatte man früher durch diesen Ausgang die Kirche verlassen, so bot sich den Austretenden ein einzigartiges Panorama, denn „Wiesbaden lag zu Füßen".

Nach dem Sturz des letzten Zaren, Nikolaus II., im Jahr 1917 wurde dieser Eingang für immer verschlossen. Über dem Südportal befindet sich ein Medaillon mit dem Kopf der Heiligen Elisabeth, der die Kirche geweiht ist und die zugleich Schutzheilige der verstorbenen Großfürstin Elisaweta war.

Durch den Westeingang betraten die Gläubigen das Kircheninnere. Über dem Westportal befindet sich ein Medaillon mit dem Kopf der Heiligen Helena. Beide Arbeiten sind aus hellem Sandstein und stammen vom Bildhauer Emil Alexander Hopfgarten, der in der Mosburg im Biebricher Schlosspark sein Atelier hatte. Über elf Stufen aus rotem Sandstein erreicht man die Eingangstüren, welche mit einem Rundbogen überspannt sind, der sich wiederum an den Seiten auf Doppelsäulen stützt.

Über dem großen Altarfenster an der Ostseite ist das Medaillon des Heiligen Erzengels Michael zu sehen. Diese Heiligen waren die Schutzheiligen der Eltern der Großfürstin.

Die Russische Kirche ist ein Solitär, anspruchsvoll in Maßstab und Kunstgestalt. Der Maßstab ist allein auf sich selbst bezogen, sich selbst überhöhend und sich selbst genug. Die Kunstgestalt legt sich in übereinander geschobenen Schichten über den Bau und verschleiert auf geheimnisvolle Weise ein Wesenhaftes, das kraftvoll aus dem Mittelbau in eine große Zentralkuppel mündet. Vier kleinere Kuppeln, im Nordosten, Nordwesten, Südosten und Südwesten umgeben die große

*Ansicht der Russischen Kirche, aquarellierte
Lithographie nach der Zeichnung von
Ph. Hoffmann, um 1860* ✳ *Вид русской церкви в
Висбадене. Литография по рисунку Ф. Хофмана,
раскрашена акварелью. Около 1860*

✹ KIRCHE UND ARCHITEKTUR ✹

※ KIRCHE UND ARCHITEKTUR ※

Kuppel. Alle Kuppeln haben eine für russische Kirchen typische Zwiebelform. Rillen, die von oben nach unten laufen, lassen diese Zwiebelform erkennen. Auf jeder Kuppel steht ein russisch-orthodoxes Kreuz, welches nach Süden zeigt. Die Kreuze sind mit Ketten gesichert, und alles ist – wie die Kuppeln auch – vergoldet.

Alle Kuppeln stehen auf emporwachsenden zylindrischen Türmen. Die Zentralkuppel in der Mitte wird von einem Hauptturm getragen, der höher und breiter als die vier anderen Eckkuppeln ist. Diese Laterne

Architektonische Gestaltung der südlichen Fassade ※ Декор южного фасада

ist am obersten Teil mit Glasfenstern umgeben. So gelangt das Licht direkt in den Kirchenraum. Die anderen vier Türmchen haben schmale Fenster, und das Licht fällt nur in das Turminnere, denn diese sind nicht mit dem Innenraum verbunden. Vom Nordostturm gelangt man über eine Wendeltreppe auf die Höhe des unteren Kuppelrandes und von dort aus auf die Außenseite der Zentralkuppel. Ein äußerer Um-

※ KIRCHE UND ARCHITEKTUR ※

gang führt zum Fußpunkt der Laterne am Nordostturm. Von dort aus kann man über ein von außen zu öffnendes Fenster in das Innere der Zentralkuppel gelangen.

Durch die kuppelbekrönten Ecktürme wird der Mittelbau umfasst, und in ihrer vierfachen Wiederholung wird die Kraft seiner aufwärts strebendenn Dynamik deutlich. Mittelrisalite, selbständige, mittig auf jeder der einander gleichen Seiten vorgestellte Bauteile aus Wand, Doppelsäulen und Rundbogen, von Ornamenten begleitet und umspielt, durch Kreuze nochmals überhöht, fassen die Ecktürme wie Klammern zusammen. Der Gesamteindruck, den das Äußere der Kirche ausstrahlt, ist eine bemerkenswerte Harmonie, die durch die künstlerische Vereinigung von verschiedenen Stilarten erzielt wird, nämlich der altgriechischen, der byzantinischen und der italienischen Renaissance.

* KIRCHE UND ARCHITEKTUR *

Ansicht des Innenraums der Russischen Kirche mit Blick auf die Ikonostase, aquarellierte Lithographie nach der Zeichnung von Ph. Hoffmann, um 1860 ✳ Интерьер русской церкви в Висбадене с видом на алтарь. Литография по рисунку Ф. Хофмана, раскрашена акварелью. Около 1860

DAS INNERE

Der gestalterische Reichtum der Innenausstattung der Kirche entstammt aus dem dekorativen und ornamentalen Überschwang russischer Kirchenräume, die dem Handlungsreichtum der christlich-orthodoxen Liturgie entsprechen. Die gesamte Innenausstattung ist Hoffmanns Werk. Dieser formale Reichtum kam seiner Freude am Ornament und an der dekorativen Vielfalt entgegen. Die Ausstattung der Kapelle erlaubte Hoffmann, seiner Phantasie freies Spiel zu lassen, um sich, durch die Eindrücke seiner Reisen bereichert und in der Disziplin seiner wissenschaftlichen Erkenntnisse und künstlerischen Erfahrungen verarbeitet, schließlich im selbständig schöpferischen Werk zu entfalten. Jeglicher malerischer wie plastischer Schmuck erfuhr bis ins kleinste Detail genaueste Entwurfs- und Ausführungsbearbeitung. Die Ausmalung nach Entwürfen von Hoffmann unternahm der Berliner Maler August Hopfgarten, ein Vetter des Hofbildhauers Emil Hopfgarten. Die Ausführung der künstlerisch-plastischen Arbeiten übertrug Hoffmann dem Bildhauer Johann Peter Leonhard aus Villmar.

Der im Verhältnis 4:9 stark überhöhte Zentralraum, eindeutig durch drei Zonen gegliedert, ist von Architekturelementen der italienischen Renaissance bestimmt: Sockel, Säulen, Gurtbögen. Die Überhöhung der Gurtbögen und ihr unvermittelter Übergang in eine ebenfalls stark überhöhte Kuppel kommen aus russisch-byzantinischen Raumvorstellungen. Diese beiden unterschiedlichen Gestaltungseinflüsse werden in einem hohen Maß formaler Disziplin so miteinander verschmolzen, dass daraus eine vollkommene und einzigartige Raumeinheit entsteht. Der überaus harmonische Gesamteindruck gibt dem Inneren eine feierliche Würde.

Gerade an den Nahtstellen, beim Zusammentreffen zweier oder mehrerer unterschiedlicher Architektur- und Raumelemente, beweist Hoffmann seine Meisterschaft. Das Motiv der Doppelsäulen beherrscht den architektonischen Aufbau. Sie stehen unter den Gurtbögen, den Seitenräumen zu- und dem Zentralraum abgewandt und übernehmen die entscheidende Klärung und Verdeutlichung der Ecksituation im Übergang vom Zentralraum zu den vier Seitenräumen. Ihre kraftvolle Proportion im Verhältnis 1:7 fordert eine entsprechend ausgebildete Basis heraus, deren An- und Abschwellen aus Wulst und Kehle den Druck der darauf lastenden Kräfte anschaulich sichtbar macht. Das Kapitell dagegen stemmt sich aufsteigend den Gurtbögen entgegen. Aus dem unteren Ring von Akanthusblättern wachsen spiralförmige Ranken wie ionische Schnekken, um so die Ecksituation besonders klar und eindeutig lösen zu können.

Bereits durch die Verwendung von weißem Carrara-Marmor gab Hoffmann dem Aufeinandertreffen unterschiedlicher Architekturglieder und ihrer Verknüpfung miteinander besonderes gestalterisches Gewicht. Er klärt die Übergänge vom Sockel zur Säule auf Höhe der Basis und auf Höhe des Kapitells durch reich gestaltete Friese, besetzt sie mit einem vegetabilen Ornament, während ein geometrisches Ornament den darüber ruhenden Architrav ausfüllt. Wenn dann an der Nahtstelle von Gurtbögen und Kuppelaufsatz aus dem Gesims heraus ein Figurenfries aus einer von Adlern und Putten getragenen Girlande in lebendiger Entfaltung hervorquillt, zeigt dies, wie konstruktives Denken und künstlerische Phantasie einander ergänzen.

Das ehemalige Glasfenster hinter der Ikonostase an der Ostseite hinterließ bei der schwachen Beleuchtung des Innenraumes den Eindruck, als ginge von ihm ein eigenes Licht aus. Das Fenster stammte aus der Werkstatt von Max Emanuel Ainmiller (1807 in München–1870 in München). Unter der Leitung Friedrich von Gärtners widmete Ainmiller sich zunächst dem Studium der Architektur und Ornamentik an der Münchner Akademie, deren Ehrenmitglied und Leiter er später wurde, bevor er auf dessen Empfehlung eine Stelle bei der Porzellanmanufaktur Nymphenburg als Dekorateur annahm.

Entwurfszeichnung für die Bemalung des Gurtbogens über dem Altar von Ph. Hoffmann, um 1850 ✳ Эскиз росписи свода над алтарем. Ф. Хофман. Около 1850

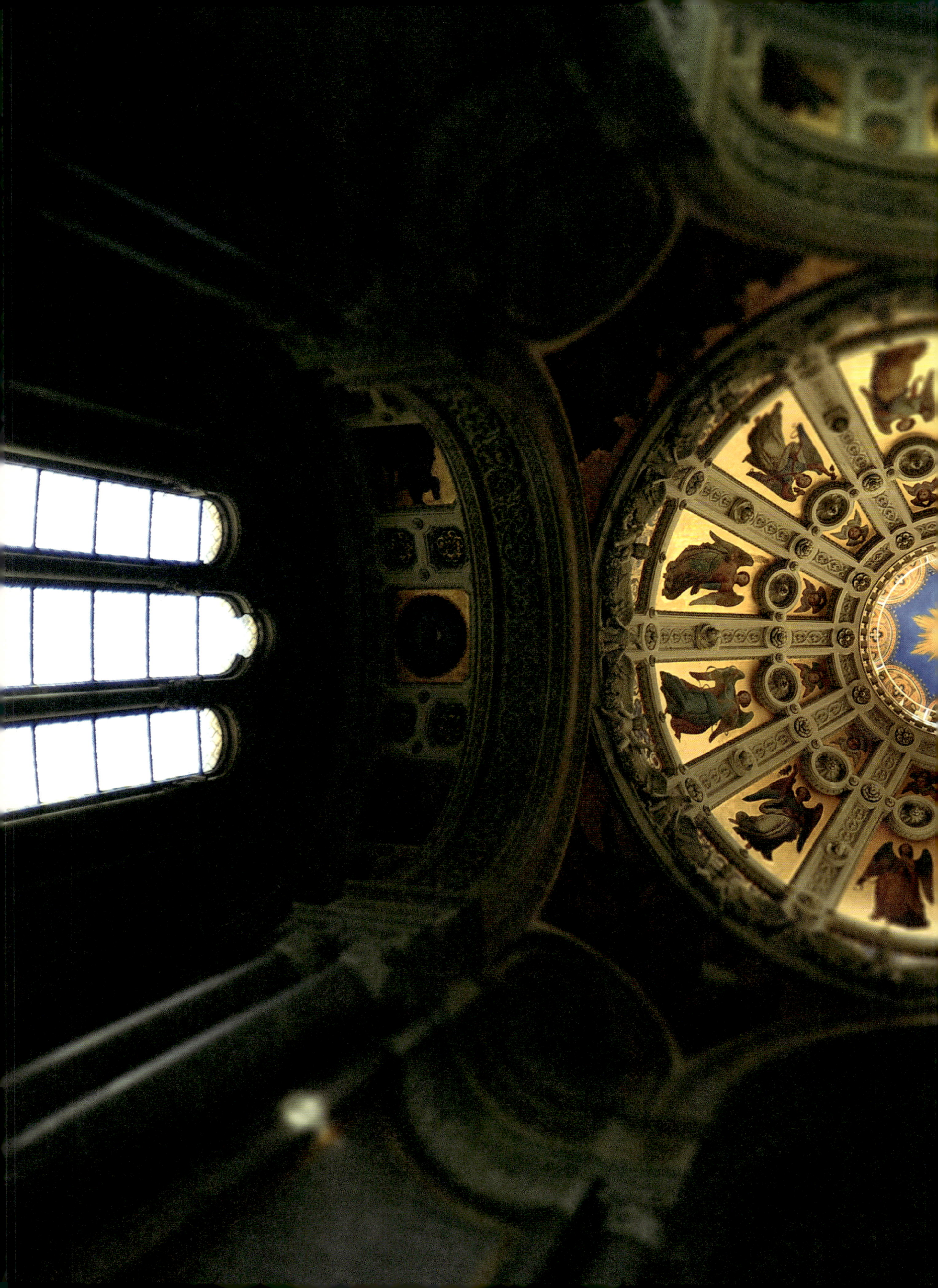

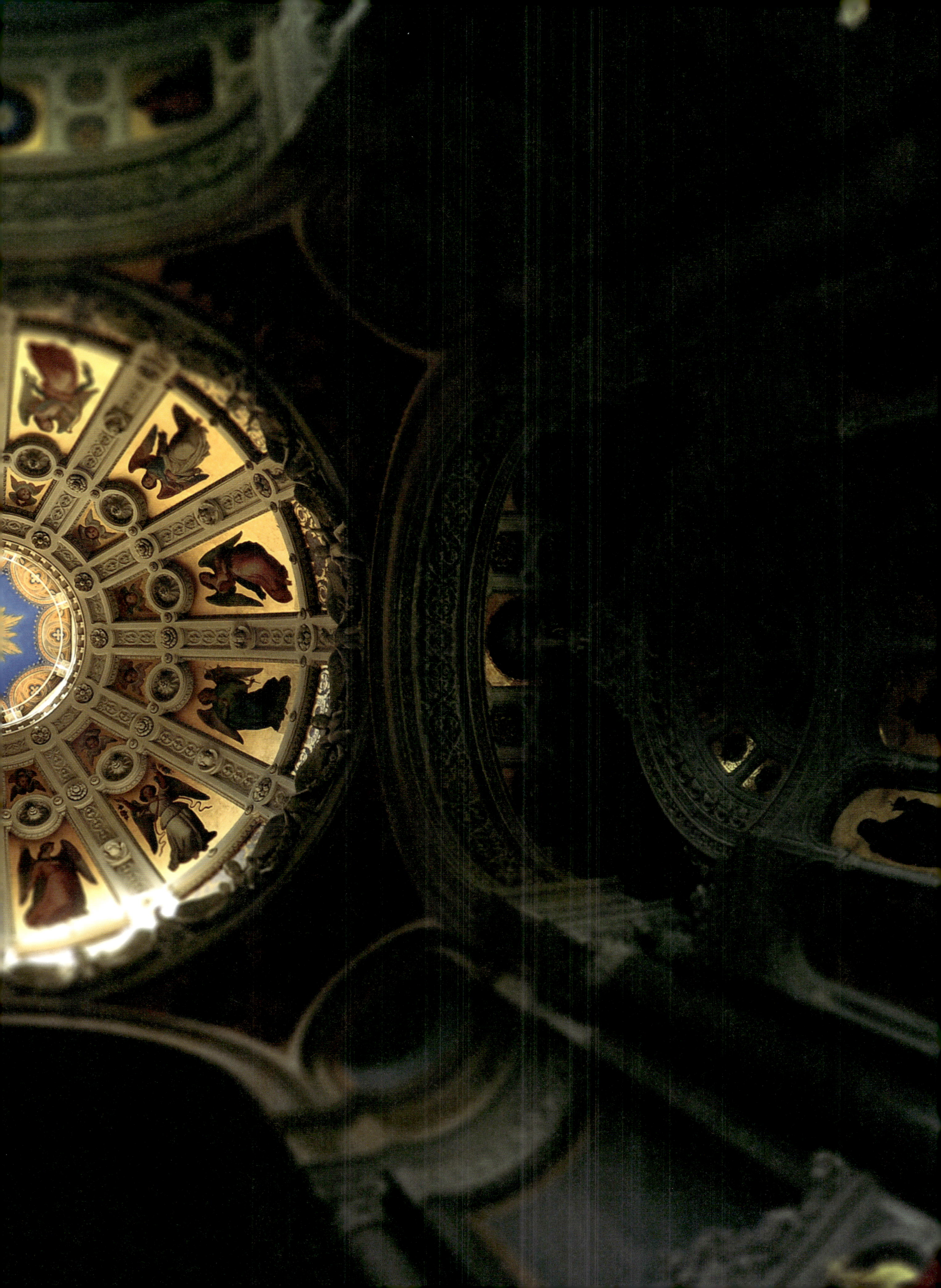

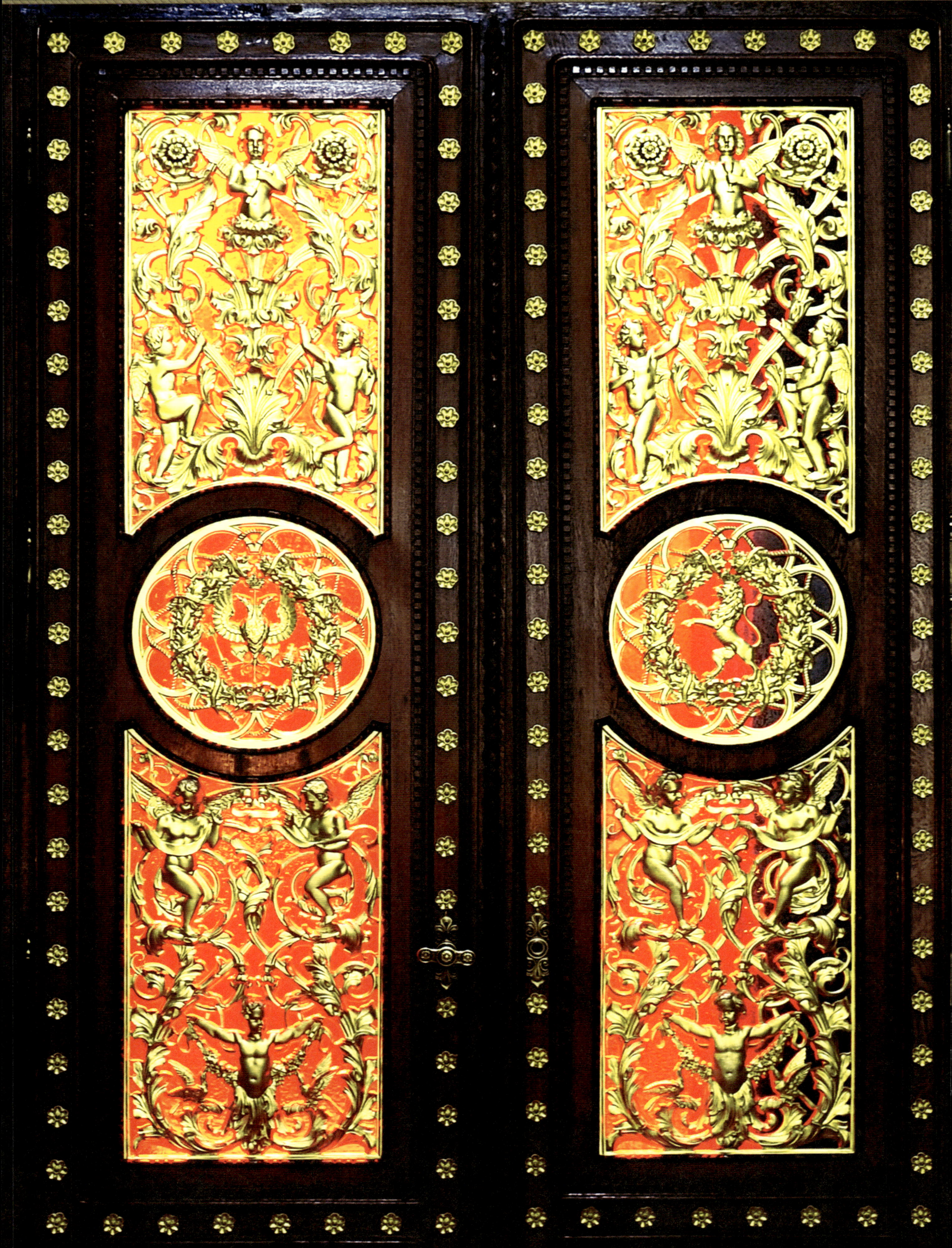

Russisches Reichswappen, Ausschnitt aus der westlichen Tür im Innenraum der Kirche *Герб Российской империи. Фрагмент декоративного оформления западных дверей*

RAUMDEKORATIONEN

Teilansicht der Ausgestaltung des kleinen, persönlichen Ruheraums des Herzogs im Innenraum rechts vom Eingang ※ *Фрагмент декоративного оформления так называемого Кабинета герцога, небольшого личного покоя, расположенного справа при входе в храм*

Trotz unterschiedlicher Raumfunktionen und der dadurch bedingten Verwendung verschiedenartiger Raumdekorationen ist in allem eine Übereinstimmung der gestalterischen Methode ablesbar. Die Umrandung der Fenster, ihre Gewände und Brüstungen sind umschlossen von geometrischen Ornamenten in gleichmäßiger Folge oder als Band. Während in der Sakristei die Wandflächen von Flecht- und Rankwerk eines Weinlaub-Ornaments völlig überzogen sind, erhalten die Wandflächen im Stiegenhaus eine Umrandung, die mit einem strengen, jeweils wieder auf den Mittelpunkt der Fläche konzentrierten pflanzlichen Rank- und Flechtornament erfüllt ist. Die dekorative Behandlung von Fußboden und Decke mit den dazugehörigen Ornamenten, durch Sockel und Gesims von der Wand getrennt, wird aus der Wandbehandlung heraus entwickelt und fasst den Raum zu einem einheitlichen Ganzen zusammen. Die Einflüsse auf die Entwürfe zum Astragal einzelner Felder (Bauprofil in Form eines Perlstabes) und ihrer Entwicklung lassen sich an Hoffmanns Reiseskizzen nachvollziehen. Die figürlichen Darstellungen der Malerei der Kirche und ihre dekorative wie ornamentale Fassung stammen nachweislich ebenfalls von Philipp Hoffmann. Sie gehören in eine Entwicklungslinie, die sich von seinem unter dem Einfluss der Nazarener stehenden Studium bei Overbeck in München über seine in Aquarellen festgehaltenen Reiseeindrücken aus Pompeji bis hin zu den Zeichnungen von seinen Italienreisen verfolgen lässt. Von den Deckenmalereien für die Gewölbebögen der Seitenräume sind eine farbige Entwurfszeichnung sowie Umrisszeichnungen fast aller figürlichen Darstellungen erhalten. Maler Hopfgarten brauchte diese nur noch in Freskotechnik umzusetzen.

Westliche Tür im Innenraum der Kirche ※ *Западные двери храма*

✶ KIRCHE UND ARCHITEKTUR ✶

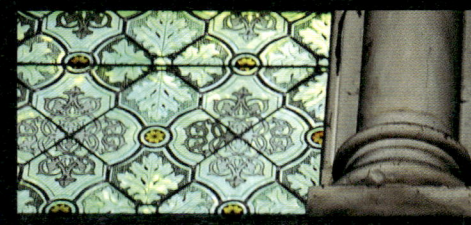

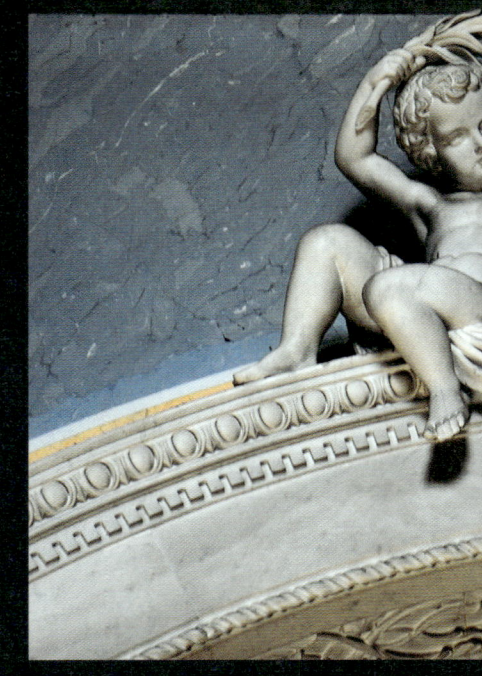

⬆ *Zwei Putten neben einem nassauischen und einem russischen Wappenschild mit den jeweiligen Hoheitszeichen „Löwe" und „doppelköpfiger Adler". Bildhauer Werkstatt E. Hopfgarten, um 1850* ✶ Фигуры ангелочков с государственными символами Нассау и России на гербовых щитах – львом и двуглавым орлом. Скульптурная мастерская Э. Хопфгартена. Около 1850

※ KIRCHE UND ARCHITEKTUR ※

Drei Engel in der Apsis, Bildhauer Werkstatt E. Hopfgarten, um 1850
※ Фигуры ангелов в апсиде. Скульптурная мастерская Э. Хопфгартена. Около 1850

KIRCHE UND ARCHITEKTUR

ORNAMENTE ALS BEDEUTUNGSTRÄGER

Das Ornament nimmt im Werk Philipp Hoffmanns und insbesondere in der Grabkapelle eine herausragende Stellung ein. So schließt die Sockelzone mit einem gegliederten Ornamentband ab, das ein freies Rankwerk trägt, in dem Engel, Mensch und Tier symbolhaft eingebunden sind. Über den Säulen, die selbst vor einer ruhigen, hellen Wand stehen, ist die Kapitellzone im Auf und Ab einer Lemniskate (Schleifenlinie in Form einer Acht) streng geordnet und von einem vegetabilen Ornamentband erfüllt. Die einzelnen Glieder des Architravs sind mit geometrischen Ornamentformen geschmückt, deren Strenge auf der Reihung von Quadratformen aufbaut. Raumbestimmenden und raumgliedernden Architekturelementen werden unterschiedliche Ornamentstrukturen zugewiesen. Diesen Zusammenhängen nachzugehen und sie zu ergründen wäre von aktuellem Interesse, um zu klären, wie bei Philipp Hoffmann dem Ornament eine formverändernde Funktion zugewiesen wird. So erhält das Ornament zum Beispiel die Aufgabe, die Fensterumrandungen so zu begleiten, dass der eindeutige Rundbogen durch ornamentale Überhöhung in einen Spitzbogen verwandelt wird, ohne dabei die architektonische Grundform des Rundbogenfensters zu verlassen. Diese Hinweise, auf den plastischen Schmuck bezogen, lassen sich auch auf die malerische Dekoration erweitern. Die Entwürfe für die Sakristei und für das Stiegenhaus sind in diesem Sinne aufschlussreich, von der Methode der zeichnerischen und farblichen Darstellung bis hin zur Verwendung des Ornaments im Bezug zu den Architekturgliedern. Die Malereien – von August Hopfgarten ausgeführt – belegen, wie sich die Gestaltungskunst von der Kargheit des Klassizismus zur Sinnlichkeit der Romantik gewandelt hat.

Die Evangelisten Lukas und Johannes, Skizze für die Bemalung des Rundbogens, Maler A. Hopfgarten, um 1850 ❋ *Евангелисты Лука и Иоанн. Фрагмент росписи свода. А. Хопфгартен. Около 1850*

KENOTAPH

In der älteren Literatur wird von der Grabstätte der Großfürstin, die im nördlichen Kreuzarm steht, als einem Sarkophag gesprochen. Fachlich korrekt sollte man jedoch von einem Kenotaph sprechen, weil es sich um einen Scheinsarg handelt, denn das eigentliche Grab liegt andernorts. Im Gegensatz zum Grab dient es ausschließlich der Erinnerung und enthält keine sterblichen Überreste des Verstorbenen.

Die Gestaltung und die Ausführung stammt von Steinmetz- und Steinbildhauermeister Emil Hopfgarten, der den Vertrag über 6.000 Reichstaler am 1. Dezember 1848 erhalten hatte. Hopfgarten sollte für diese Summe nicht nur die Ausführung der Figur besorgen, sondern auch noch die Modellarbeiten übernehmen und alle anderen durch die übernommene Arbeit entstehenden Kosten tragen. Davon ausgenommen waren die Herrichtung des ihm in der Mosburg im Biebricher Schlosspark eingeräumten Ateliers sowie dessen Beheizung. Auch der Transport des Sarkophages von der Mosburg zur Grabkapelle wurde extra vergütet.

Beim Betrachten der liegenden Gestalt der so jung Verstorbenen fühlen sich viele an den Sarkophag der Königin Luise von Preußen erinnert. Diesen hatte Christian Daniel Rauch angefertigt. Die Grabskulptur der Königin ist ein Meisterbeispiel der Berliner Bildhauerschule. Auch das Wiesbadener Kenotaph strahlt eine würdevolle und edle Schönheit aus.

GRUFT IM UNTERGESCHOSS

Durch die linke Tür neben dem Anbau mit dem Kenotaph gelangt man über eine Wendeltreppe in das Untergeschoss, die Gruft. Direkt unter dem Kenotaph befindet sich hier die eigentliche letzte Ruhestätte der Großfürstin und ihrer Tochter. Seit dem Zweiten Weltkrieg ist die Gruft als Kirchenraum eingerichtet.

Die Fundamente und das Untergeschoss sind im Grundriss ein Erbstück des spätantiken bzw. byzantinischen Zentralbaues: Aus dem Quadrat mit eingeschriebenem griechischem Kreuz entwickelt sich der zentrale Raum, ein Oktogon. Auf einer Stütze, einem achteckigen Pfeiler, werden die Lasten des Rippengewölbes abgetragen.

Hier ist die Gruft. Das Wort lässt sich von griechisch „Krypta" für einen unterirdischen Kirchenraum ableiten. Im engeren Sinne ist die Gruft eine gemauerte Grabstätte, die auch als „Memorial" oder Familiengrabstätte bezeichnet wird. Der Verstorbene wird darin im Sarg bestattet, wobei zumeist auch Platz für spätere Bestattungen weiterer Verstorbener vorhanden ist. Um den Platz zur Aufnahme des Sarges zu schaffen, wird eine Grube ausgehoben, diese wird als Gruft bezeichnet. Für das Ausheben der Erde wird der Begriff „gruften" benutzt. Wenn der Sarg in die Gruft hinab gelassen ist und die Grube mit der Erde wieder verschlossen ist, erst dann liegt der Sarg im Grab.

DIE PORTRÄT-MEDAILLONS

Nach orthodoxem Kanon ist es eigentlich unzulässig, die noch lebenden Baubeteiligten in der Kirche darzustellen. Dennoch sind in Augenhöhe des Betrachters im Sockelbereich einige Porträt-Medaillons der am Bau beteiligten Künstler eingelassen: Auf der rechten Seite des Westeingangs hängt das Medaillon des Bildhauers Emil Alexander Hopfgarten, es folgen der Baumeister Philipp Hoffmann, der Maler Prof. August Hopfgarten, der Steinbildhauer Johann Peter Leonhard aus Villmar, der Bildhauer Malachini aus Carrara und schließlich der Maler Timoleon Karl von Neff aus St. Petersburg. Diese Steinplastiken kommen aus der Werkstatt von Emil Hopfgarten und sollen von Loipone Jardelle in Marmor geschlagen worden sein. ✻ Портретные медальоны в интерьере храма увековечили его создателей – нассауского архитектора Филиппа Хофмана, берлинского скульптора Эмиля Хопфгартена, художников Тимофея Неффа из Петербурга и Августа Хопфгартена из Берлина, каменных дел мастера Иоганна Петера Леонгарда из Вильмара на Лане, итальянского мраморщика Малачини.

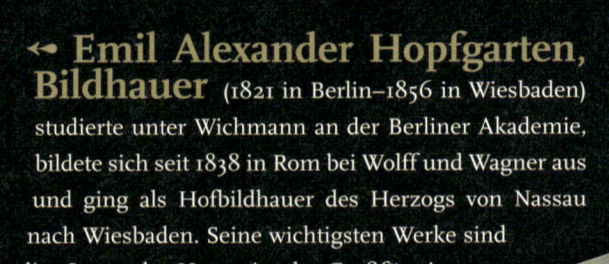

↢ **Emil Alexander Hopfgarten, Bildhauer** (1821 in Berlin–1856 in Wiesbaden) studierte unter Wichmann an der Berliner Akademie, bildete sich seit 1838 in Rom bei Wolff und Wagner aus und ging als Hofbildhauer des Herzogs von Nassau nach Wiesbaden. Seine wichtigsten Werke sind die Statue der Herzogin, der Großfürstin Elisaweta, in der russisch-orthodoxen Grabkapelle und die überlebensgroßen Statuen des Christus und der vier Evangelisten in der evangelischen Marktkirche zu Wiesbaden.

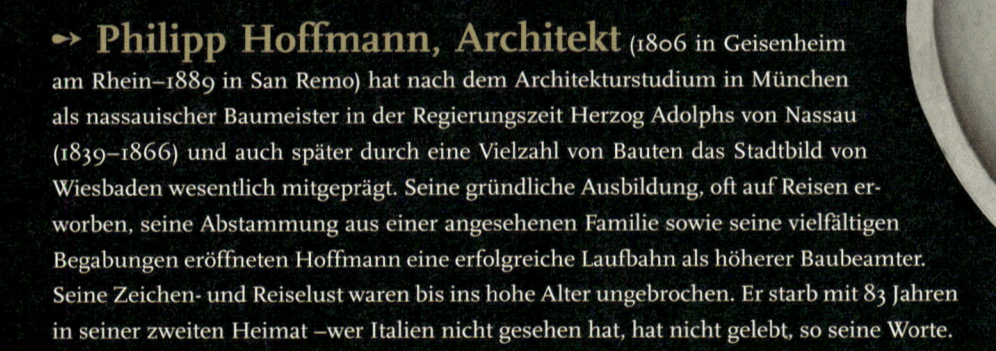

↣ **Philipp Hoffmann, Architekt** (1806 in Geisenheim am Rhein–1889 in San Remo) hat nach dem Architekturstudium in München als nassauischer Baumeister in der Regierungszeit Herzog Adolphs von Nassau (1839–1866) und auch später durch eine Vielzahl von Bauten das Stadtbild von Wiesbaden wesentlich mitgeprägt. Seine gründliche Ausbildung, oft auf Reisen erworben, seine Abstammung aus einer angesehenen Familie sowie seine vielfältigen Begabungen eröffneten Hoffmann eine erfolgreiche Laufbahn als höherer Baubeamter. Seine Zeichen- und Reiselust waren bis ins hohe Alter ungebrochen. Er starb mit 83 Jahren in seiner zweiten Heimat –wer Italien nicht gesehen hat, hat nicht gelebt, so seine Worte.

↢ **August Ferdinand Hopfgarten, Maler** (1807 in Berlin–1896 in Berlin) war ein deutscher Portrait-, Genre- und Fresko-Maler. Er studierte ab 1820 an der Berliner Akademie bei Heinrich Anton Daehling, Johann Gottfried Niedlich und Wilhelm Wach. Der Akademiepreis von 1825 ermöglichte ihm zwischen 1827 und 1832 einen fünfjährigen Aufenthalt in Rom. Nach seiner Rückkehr 1833 etablierte er sich als erfolgreicher Portrait- und Genremaler. Ab 1835 arbeitete er an der stereochromen Ausmalung der Schlosskapelle des Berliner Stadtschlosses. Von 1846–1852 schuf er neben Eduard Daege, Eduard Steinbrück und Adolf Schmidt die Heldenbilder im Nordkuppelsaal des Neuen Museums: Herkules bezwingt die goldbekrönte Hirschkuh von Kerynea, Bellerophon auf Pegasus tötet die Chimäre, Perseus befreit Andromeda, Theseus tötet den Minotaurus. Seine ideal aufgefassten Staffeleibilder biblisch-historischen Inhalts sind von sorgfältiger Zeichnung und reichem Kolorit. Auch die Wandmalereien in der russischen Grabkapelle stammen von August Hopfgarten. 1854 wurde er Professor und Mitglied der Berliner Akademie. August Ferdinand Hopfgartens Grab liegt auf dem Friedhof II der Domgemeinde in Berlin.

➻ Malachini, Bildhauer

Der Steinmetz- und Steinbildhauer arbeitete in Carrara, Italien. Aus den nahe gelegenen Steinbrüchen der Berge stammt der berühmte Carrara-Marmor. Carrara-Marmore sind Metamorphite (=Umwandlungsgesteine), die mindestens 50 Volumenprozent Calcit enthalten. Sie bestehen aus fast nur einem Karbonatmineral und sind monomineralisch. Marmore haben eine Umwandlung unter hohem Druck und hoher Temperatur, eine Metamorphose, erfahren. Die Kristallkörner des Calcits sind im Carrara-Marmor zumeist mit dem Auge erkennbar. Die Steinbrüche liegen im Marmorgebirge bis zu einer Höhe von knapp 1.900 Metern. Es bildeten sich linsenförmige Gesteinskörper mit einer Länge von bis zu zehn Kilometern und einer Mächtigkeit von bis zu 400 Metern aus. Die Besitzer der Steinbrüche in Carrara erhielten durch den Zwischenhandel nur einen Bruchteil der Erlöse, die im Marmorhandel erzielt wurden. Die genuesischen Kaufleute, die den Vertrieb dominierten, prägten den Spruch: „Marmor ist weißes Gold". Das wusste auch Hoffmann, so dass er Malachini unmittelbar – ohne Einschaltung des Zwischenhandels – mit der Anfertigung von Einzelstücken beauftragte.

↤ Johann Peter Leonhard, Bildhauer

Aus der Steinmetz- und Steinbildhauerfamilie Leonhard stammen einige Stücke in der Grabkapelle sowie die von Johann Peter Leonhard kunstvoll angelegte und in München mit einer Goldmedaille ausgezeichnete Rosette im Marmorboden der Kirche. Marmormeister Johann Peter Leonhardt schickte seine beiden Söhne Joseph und Engelbert zu dem nassauischen Hofbildhauer Emil Hopfgarten in die Lehre.

➻ Timoleon Carl (Timofej Andrejewitsch) von Neff, Maler

Am 14. Oktober 1804 auf dem Gutshof Püssi geboren, heute Kreis Ida-Viru, Estland; gestorben am 5. Januar 1877 in St. Petersburg. Er war ein baltendeutscher, kaiserlich-russischer Hofmaler, Konservator und Kunstsammler. Als Historien-, Bildnis- und Genremaler wurde er auch der russische Raphael Mengs genannt. Als uneheliches Kind der Lehrerin Felicite Neff wuchs Neff auf dem Hof Püssi (deutsch Neu-Isenhof) im Gouvernement Estland auf. Er studierte ab 1824 Malerei an der Kunstakademie Dresden. Ab 1826 arbeitete er in St. Petersburg, wo er durch sein Talent schnell zum Hofmaler des Zaren Nikolaus I. aufstieg. In Italien bildete er sich weiter, 1826 war er in Rom. 1831 Ernennung zum Hofmaler in St. Petersburg. 1835/37 und 1842/43 wieder in Rom. Ab 1839 war Neff Dozent an der Petersburger Kunstakademie. 1846 wurde er Ehrenmitglied der Akademie der Schönen Künste in Florenz. Ab 1845 arbeitete er an der Ausstattung der Isaaks-Kathedrale in St. Petersburg. Es folgten Bilder für die Ikonostasen der russischen Kapellen in Nizza und Wiesbaden sowie der Erlöserkirche von Thon in Moskau. 1849 verlieh man ihm in St. Petersburg den akademischen Titel eines Professors. 1850 erwarb Neff den Gutshof von Piera (heute Piira) bei Wesenberg (heute Rakvere, Landgemeinde Vinni), in dem er sein eigenes Atelier einrichtete. Dort entstanden auch die meisten seiner Arbeiten. Ab 1854 war Neff Konservator an der Eremitage und künstlerischer Aufseher über die zaristischen Schlösser. Er verkehrte in den Salons und den höchsten Adelskreisen Russlands. Neff ist besonders als Maler von Porträts, biblischen und mythologischen Szenen sowie Genrebildern bekannt geworden.

※ IKONOSTASE ※

DIE GESTALTUNG DER IKONOSTASE

Marina Werschewskaja

Traditionsgemäß teilt in russischen Kirchen eine hohe, von Ikonen gebildete Wand den Innenraum in zwei Teile: den Altarbereich, das Symbol für die himmlische Sphäre und den übrigen Kirchenraum, als Symbol für die irdische Welt.

Die Ikonostase erhebt sich dabei bis zum Rundbogen und verdeckt so den Blick in den Altarbereich, der sich stets in östlicher Himmelsrichtung gegenüber dem im Westen gelegenen Haupteingang befindet.

Die mehrgliedrige hohe Ikonostase entwickelte sich nach und nach im 16. Jahrhundert aus der ursprünglichen niedrigeren Altarwand der byzantinischen und altrussischen Kirchen. Im Zentrum der untersten Reihe

Königspforte der Ikonostase, von T. Neff in St. Petersburg zwischen 1851 und 1854 gemalte Ikonen des Erlösers und der Muttergottes mit Kind ✳ *Царские врата иконостаса. Иконы Спасителя и Богоматери с Младенцем. Т. Нефф. 1851–1854. С.-Петербург*

befindet sich die Königspforte, die Haupttür in den Altarraum. Auf ihr ist die Verkündigung dargestellt, über der Königspforte das Abendmahl. Die gesamte Ikonostase huldigt der Kreuzigung oder dem Kreuz.

Philipp Hoffmann fertigte den Entwurf der dreistufigen Ikonostase für die Russische Kirche in Übereinstimmung mit den russisch-orthodoxen Kirchenvorschriften auf der Grundlage jenes Materials, das er während seiner Russlandreise gesammelt hatte. Traditionsgemäß wurde die Altarwand aus Holz geschnitzt. Für die Russische Kirche in Wiesbaden wurde sie jedoch aus Carrara-Marmor gefertigt. Die italienischen Marmorkünstler nahmen hierbei das ornamentartige Schnitzwerk, das die Ikonen in Moskauer Kirchen schmückt, in den künstlerisch gestalteten Motiven der Russischen Kirche auf.

Die Großfürstin Jelena Pawlowna, die Mutter der verstorbenen Elisaweta, hat auf eigene Rechnung den Hofmaler Timoleon Karl von Neff, Professor an der kaiserlichen Kunstakademie, mit dem Entwurf für die Ikonostase in Wiesbaden beauftragt. Er fertigte die Entwürfe und war der einzige Künstler aus Russland, der an der Ausgestaltung und Ausschmückung der Kirche auf dem Neroberg teilnahm. Seine Bekanntheit erlangte er durch Porträts von Persönlichkeiten der kaiserlichen Familie, die er in historischer und religiöser Ausführung gestaltete. Die 25 Ikonen für die Altarwand in Wiesbaden malte Neff in den Jahren 1851 bis 1854 in St. Petersburg.

Hervorzuheben ist, dass er gleichzeitig an einem großen Staatsauftrag gearbeitet hat: der malerischen Ausgestaltung der Isaaks-Kathedrale, der Hauptkirche von St. Peterburg. Es spricht vieles dafür, dass die ikonografische Übereinstimmung von Ikonen in der Ikonostase der Wiesbadener Kirche mit Ikonen in der Isaaks-Kathedrale darauf zurückzuführen ist. So zum Beispiel die Darstellung der Apostel Peter und Paulus.

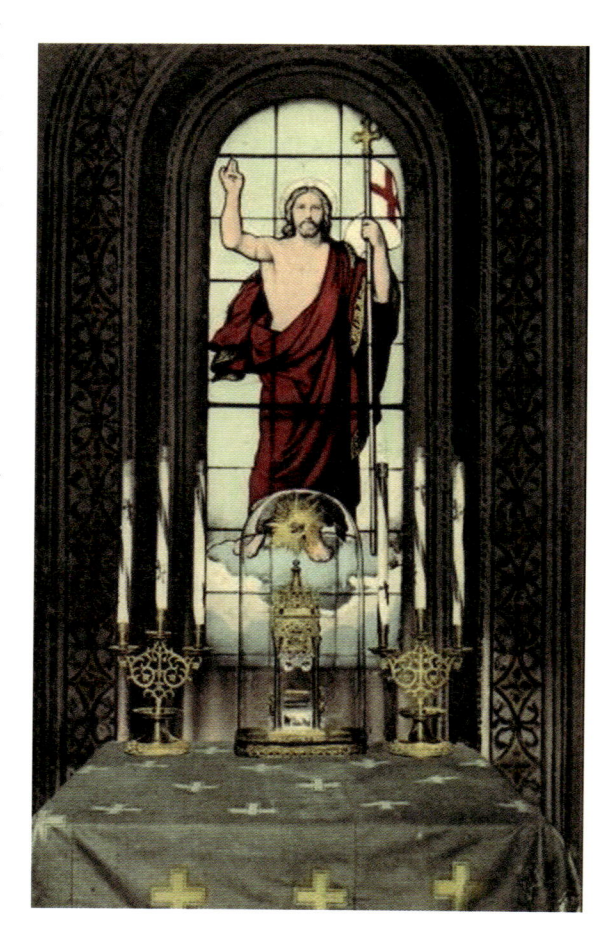

Buntglasfensterikone im Altarinnenraum, Darstellung des auferstandenen Christus von M. Ainmiller, München, Anfang 1850, Postkarte Anfang des 20. Jahrhunderts ✳ *Витражный образ в алтаре храма – фигура воскресшего Христа. М. Э. Айнмиллер. Начало 1850-х. Мюнхен. Открытка начала XX века*

Einige Jahre später wiederholte Neff im Auftrag der Großfürstin Jelena Pawlowna die Motive der Ikonen der Russischen Kirche in Wiesbaden für die Ikonostase der neuen Hauptkirche in der Residenz der Großfürstin, dem Michailowskij-Palast.

Der Stil der von Neff geschaffenen Ikonen entspricht ganz der akademischen Schule und hat nichts mit der altrussischen Malweise gemein. Damit befindet er sich in harmonischem Einklang mit den durch deutsche Meister in der Russischen Kirche geschaffenen Rundbögen.

18 der behandelten Ikonen haben einen Goldgrund, der die nicht irdische Sphäre symbolisiert. Auf der vergoldeten Königspforte sieht man die Darstellung der Verkündigung: rechts die Jungfrau Maria, links Erzengel Gabriel, der die frohe Botschaft verkündet.

Rechts von der Königspforte finden wir das Bildnis des Erlösers, daneben, auf der südlichen Pforte, befindet sich die Darstellung des Erzengels Michael, den Drachen tötend; danach die Ikone der heiligen Elisabeth, der Schutzheiligen der Kirche und schließlich ganz rechts außen die Ikone Nikolaus' des Wundertäters, eines der in Russland meistverehrten Heiligen, Schutzpatron der Reisenden und Seeleute.

※ IKONOSTASE ※

✶ IKONOSTASE ✶

Links von der Königspforte, in der Mitte der Ikonostase, befindet sich die Gottesmutter mit Jesus Christus auf dem Arm, weiter links, auf der nördlichen Pforte, die Darstellung des Erzengels Gabriel mit dem Palmenzweig, daneben die Ikone der heiligen Kaiserin Helena mit dem von ihr aufgefundenen lebensspendenden Kreuz Christi, an dem Jesus Christus gekreuzigt wurde und ganz links außen die Ikone der heiligen Großmärtyrerin Katharina.

Rechts von der Darstellung des Abendmahls in der mittleren Reihe sehen wir die Ikone des heiligen Chrysostomos, der heiligen Maria Magdalena, des heiligen apostelgleichen Fürsten Wladimir, der die Kiewer Rus taufen ließ und der hl. Kaiserin Alexandra. Auf der linken Seite befindet sich die Ikone des heiligen Basilius des Großen, der heiligen Prophetin Anna, des heiligen apostelgleichen Kaisers Konstantin, des ersten römischen Kaisers, der sich taufen ließ, und des heiligen Großmärtyrers Georg. Die in der unteren und mittleren Reihe dargestellten Heiligen sind auch die Schutzheiligen der kaiserlichen Familie: Zar Nikolaus' I., der Zarin Alexandra Fjodorowna, der Großfürstin Jelena Pawlowna sowie deren Töchter

※ IKONOSTASE ※

Unterste Ikonenreihe der Ikonostase, gemalt von T. Neff in St. Petersburg, zwischen 1851 und 1854: hl. Großmärtyrerin Katharina, hl. Kaiserin Helena, hl. Elisabeth, hl. Nikolaus ※ Иконы первого яруса иконостаса – Святая Великомученица Екатерина, Святая Царица Елена, Святая Праведная Елисавета, Святитель Николай. Художник Т. Нефф. 1851–1854. С.-Петербург

Elisaweta, Anna, Alexandra, Maria, und Jekaterina. In der obersten Reihe finden wir eine lebensgroße Darstellung der vier Evangelisten: Markus, Lukas, Matthäus und Johannes sowie rechts außen Apostel Peter mit dem Himmelsschlüssel und links außen Apostel Paulus mit dem Schwert. Ein Halbrund von sieben Cherubim bildet den Abschluss der Ikonenwand, gemalt vom Wiesbadener Hofmaler Professor Otto Reinhard Jacobi.

Hinter der Ikonostase befand sich in der Rückwand des Altarraums ein verloren gegangenes Buntglasfenster mit der Darstellung des auferstandenen Christus, eine Arbeit aus der Werkstatt von Max Ainmiller in München. Es war bekannt, dass sich im Altarraum der Isaaks-Kathedrale in St.Petersburg ein ähnliches, von derselben Werkstatt gefertigtes Buntglasfenster befindet. Hinsichtlich der Gestaltung des Wiesbadener Fensters gab es lediglich Hypothesen, da das einschlägige Material in München dem Krieg zum Opfer gefallen ist. Eine während der Arbeit an diesem Bidlband aufgefundene Fotografie des Wiesbadener Fensters (S.68) belegt die Hypothese, dass beide von Max Ainmüller gefertigten Buntglasfenster in ihrer Gestaltung nahezu identisch sind.

↤ *Der heilige Basilius der Große, Verfasser, der nach ihm benannten Liturgie die in der orthodoxen Kirche zehnmal im Jahr gefeiert wird.*
✳ Святой Василий Великий, создатель чина литургии, совершаемой в православной церкви десять раз в году

↥ *Abendmahlsikone über der Königspforte im Zentrum der Ikonostase* ✳ Тайная вечеря. Икона расположена в центре второго яруса иконостаса, над Царскими вратами

↤ *Der heilige Großmärtyrer Georg, der Siegesträger, den man in Russland besonders verehrt. Ende des 15. Jahrhunderts erscheint er als Reiter mit Schwert erstmalig im Wappen der Stadt Moskau und seit Mitte des 17. Jahrhunderts im hoheitlichen Wappen von Russland* ✳ Святой Георгий Победоносец, особо почитаемый на Руси святой; в конце XV века его изображение в виде всадника с копьем появляется на московском гербе, а с середины XVII века на государственном гербе России

→ *Die heilige Kaiserin Alexandra* ✳ Святая царица Александра

ИКОНОСТАС

Марина Вершевская

Создавая проект высокого трехъярусного иконостаса, Филипп Хофман опирался на увиденные во время поездки в Россию образцы алтарных преград старинных московских храмов. Для висбаденской церкви иконостас искусно выполнили итальянские мастера из каррарского мрамора.

Образа для иконостаса храма-усыпальницы заказала мать умершей великой княгини Елизаветы Михайловны великая княгиня Елена Павловна. Их написал придворный живописец, профессор Императорской академии художеств Тимофей Нефф, единственный мастер из России, принимавший участие в оформлении церкви на Нероберге. Все двадцать пять образов создавались в Петербурге с 1851 по 1854 год. В это же время художник был занят выполнением крупного государственного заказа – созданием живописного убранства Исаакиевского собора. Вероятно, этим обусловлено иконографическое совпадение нескольких образов (как, например, изображения апостолов Петра и Павла) из иконостаса в храме Святой Елисаветы с иконами Исаакиевского собора. Через несколько лет Т. Нефф повторил иконы висбаденского храма для иконостаса новой домовой церкви великой княгини Елены Павловны в ее резиденции – Михайловском дворце.

За иконостасом, в глубине алтарного пространства находился запрестольный образ воскресшего Спасителя. Он был выполнен в технике витража в Мюнхене Максом Айнмиллером. Эта витражная икона не сохранилась, не найдены были до последнего времени и ее изображения. Погиб во время Второй мировой войны архив мюнхенской мастерской. Известно, что в 1843 году там же впервые была мастерски исполнена нетипичная для православного храма запрестольная икона на стекле. До сих пор она украшает Исаакиевский собор. Обнаруженная в процессе работы над книгой фотография алтарного образа висбаденского храма (с. 68) наглядно подтверждает, что он был изготовлен немецкими витражистами по тому же иконографическому образцу, что и витраж главного храма Санкт-Петербурга.

← *Der Der heilige Johannes Chrysosthemus, Verfasser der am häufigsten in der russisch-orthodoxen Kirche zelebrierten Liturgie* ✳ Святой Иоанн Златоуст, создатель чина литургии, чаще всего совершаемой в православной церкви

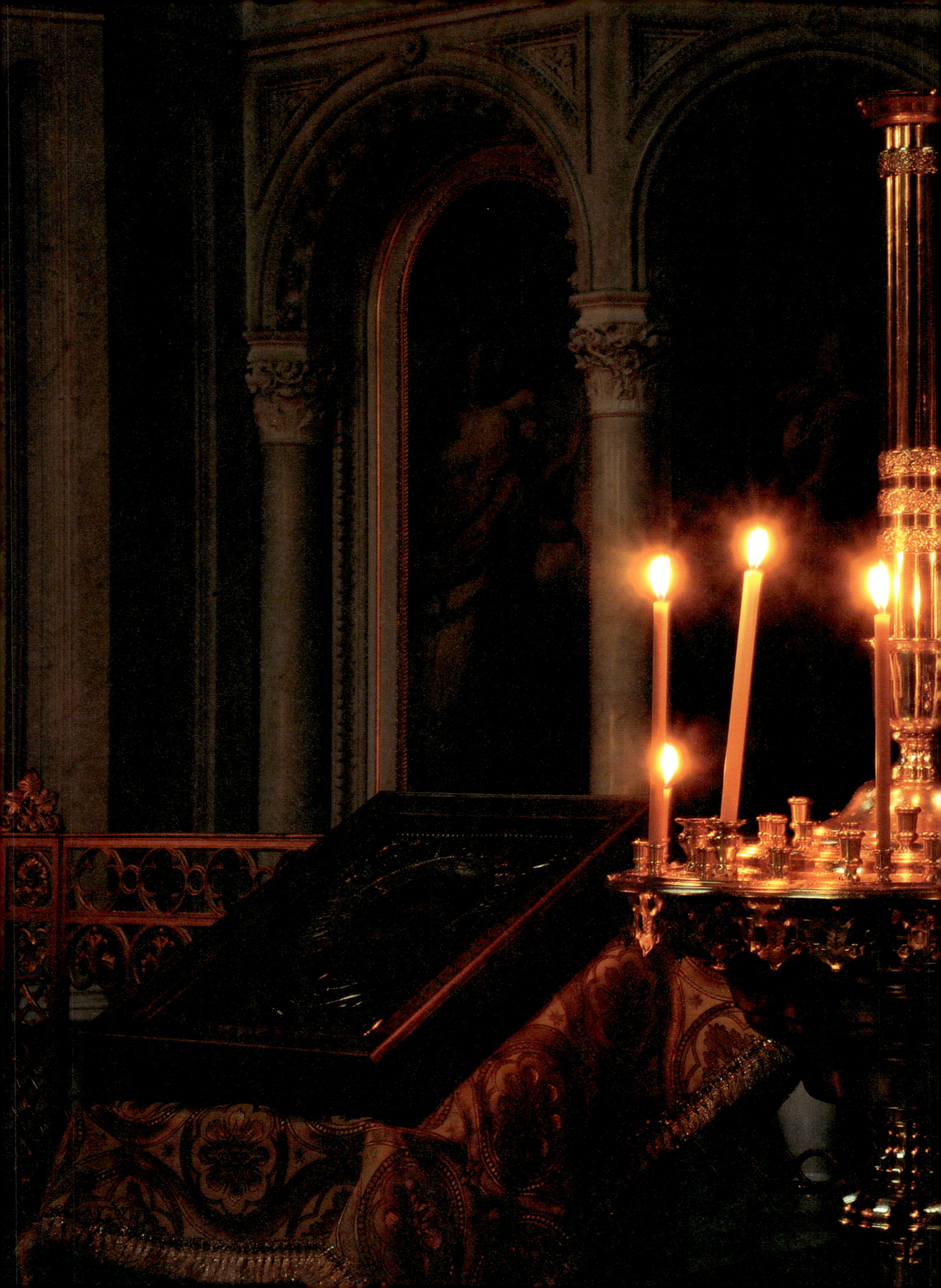

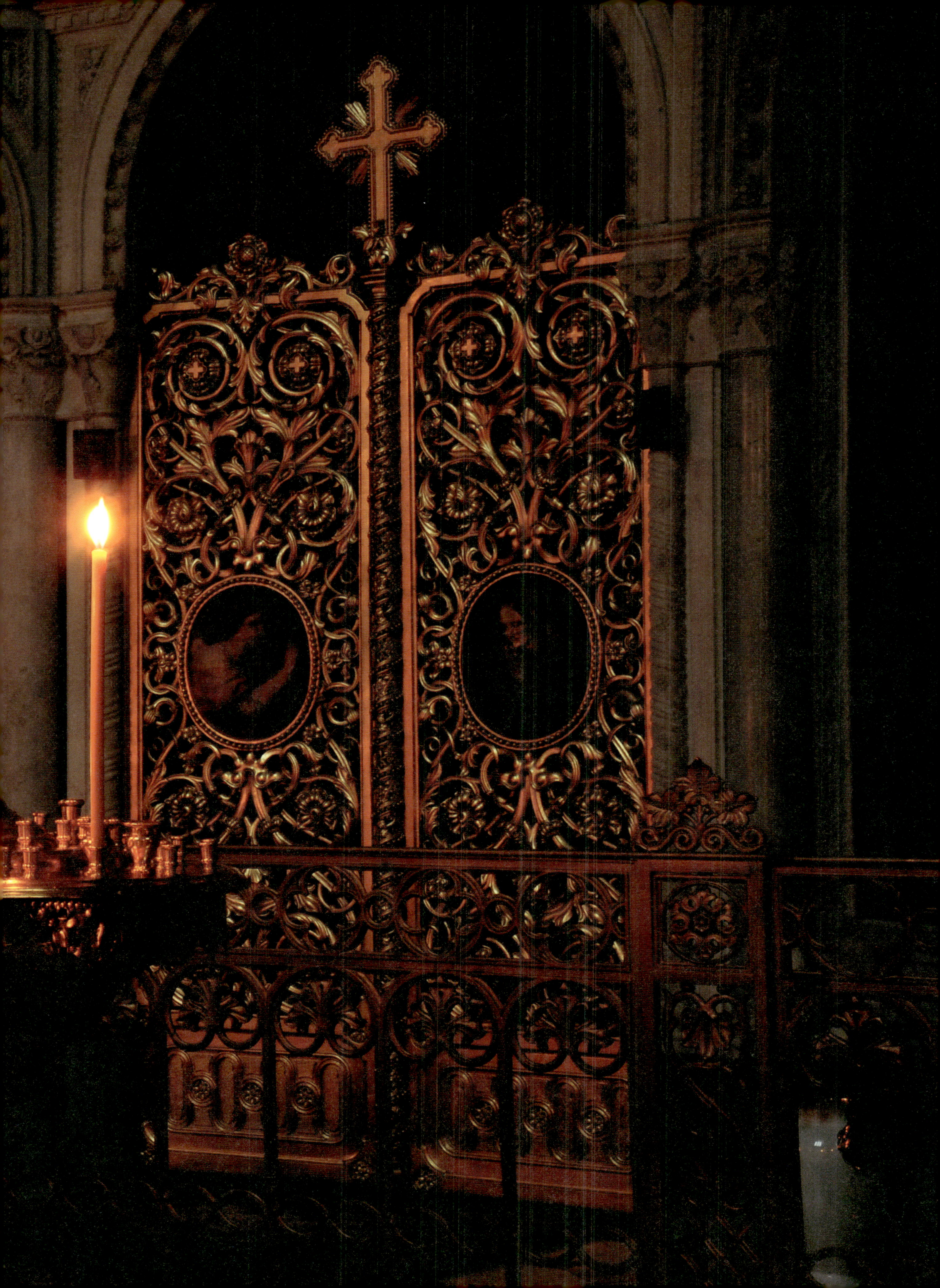

ENSEMBLESCHUTZ

Edgar Heydock

Die exotisch anmutende Russische Kirche mit ihren weißen Sandsteinfassaden und den vergoldeten Kuppeln vor der dunklen Waldkulisse des Taunus, die durchgrünte Villenbebauung unterhalb des Neroberges und nicht zuletzt der Weinberg, das Opelbad und der Aussichtstempel, auch ein Werk von Philipp Hoffmann, bilden zusammen einen städtebaulich hochsensiblen Bereich. Jedes dieser Elemente dient dem Ganzen und steigert seine eigene Wertigkeit innerhalb eines einzigartigen Ensembles.

Um 1970 setzte in diesem Gebiet, wie auch an anderen Stellen der Stadt, eine massive Bodenspekulation ein, die zum Ziel hatte, durch den Abriss der historischen Villenbebauung eine finanziell lukrative Verdichtung zu erreichen. In dem von der Nerobergstraße und der Lanzstraße begrenzten, zwischen 1880 und 1910 entstandenen Villengebiet, dem „Distrikt Grub", begannen private Bauträger mit Teilabrissen. Zahlreiche Abbruchanträge wurden gestellt.

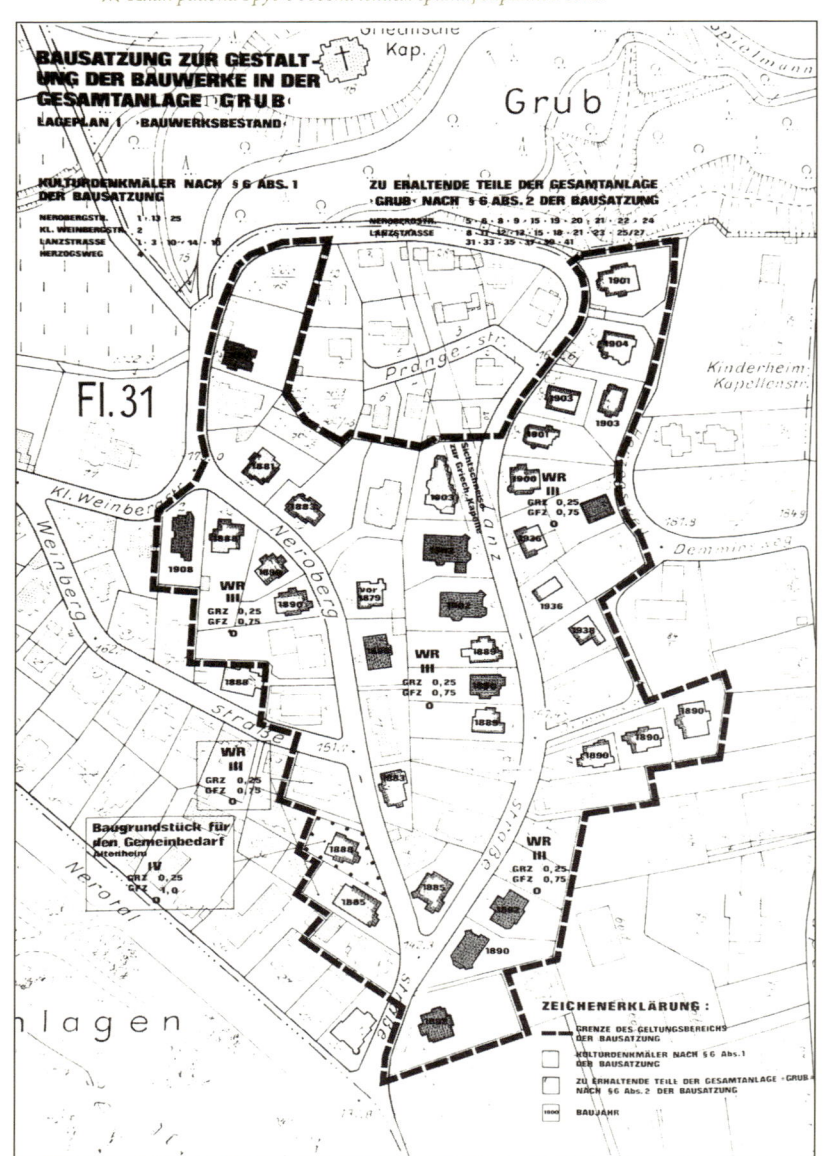

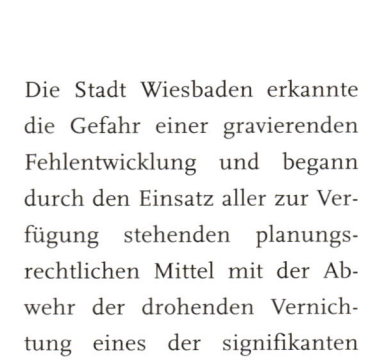

Die Stadt Wiesbaden erkannte die Gefahr einer gravierenden Fehlentwicklung und begann durch den Einsatz aller zur Verfügung stehenden planungsrechtlichen Mittel mit der Abwehr der drohenden Vernichtung eines der signifikanten Teile der Innenstadt.

Zunächst wurde von 1971 bis 1975 eine Veränderungssperre, d.h. ein allgemeiner Baustopp, erlassen. Diese Zeit wurde genutzt, um das Instrumentarium des Planungs- und des Baurechts sowie des Denkmalschutzgesetzes anzuwenden. Dazu gehörte die Aufstellung eines Bebauungsplanes, der Erlass einer Satzung zur detaillierten Gestaltung der Bauwerke, der Eintrag der Gesamtanlage „Distrikt Grub" in die Denkmalschutzliste und schließlich die planungsrechtliche Absicherung der historischen Bausubstanz und der Sichtschneisen zur Russischen Kirche durch einen besonderen Teil-Bebauungsplan.

Was heute weitgehend in Vergessenheit geraten ist und in der gegenwärtigen Situation als selbstverständlich empfunden wird, war seinerzeit ein mutiger und konsequenter Schritt der Landeshauptstadt Wiesbaden zur Erhaltung ihrer Identität und ein Beweis der Handlungsfähigkeit einer Gemeinde.

✳ *План района Груб с обозначением границ охранной зоны*

ОХРАНА ИСТОРИЧЕСКОГО АНСАМБЛЯ

Эдгар Хайдок

На фоне темно-зеленого леса вырисовывается светлая, с золотыми куполами русская церковь. Неподалеку от нее – романтическая беседка и утопающие в зелени виллы на склоне горы. К вершине Нероберга поднимаются виноградники. Все это вместе составляет уникальный ансамбль, играющий исключительную роль в восприятии архитектуры Висбадена. В начале 1970 года на основе существовавшего тогда городского законодательства были предприняты попытки снести некоторые виллы и использовать освободившиеся участки для уплотнительной застройки, чтобы извлечь тем самым большую экономическую выгоду.

Городские власти поняли, что это может привести к разрушению исторически сложившегося ансамбля. Был принят новый строительный регламент, и эта зона получила охранный статус как целостный комплекс.

✳ ENSEMBLESCHUTZ ✳

RESTAURIERUNGEN

РЕСТАВРАЦИЯ И САНАЦИЯ

Эдгар Хайдок

Реставрация русской церкви началась в 1978 году, когда откладывать работы дальше было нельзя. Климатические воздействия и сильное загрязнение атмосферы причиняли на протяжении многих лет значительные повреждения фасада; пострадало и внутреннее убранство здания: произошла частичная утрата росписи стен, живописи и декоративной скульптуры. Возникла необходимость обработать большую часть камней, из которых сложены фасады здания, и таким образом устранить проникновение сырости внутрь здания. Масштабная санация фасадов была закончена в 1980 году. Проведение ее велось под контролем городских ведомств. Затраты несли город Висбаден, земля Гессен, Erich-Haub-Zais-Stiftung и Русская Православная церковь заграницей. Общие затраты составили 1 250 000 немецких марок.

В конце 1994 года началась новая фаза реставрации, первая стадия которой касалась живописи, мрамора и лепнины в интерьере. Квалифицированные специалисты вели работы более четырех лет. На втором этапе была проведена реставрация входных дверей и восстановление светового фонаря в куполе апсиды над надгробием. В 2002 году реставрация была закончена. Работы велись под руководством висбаденского архитектора Вильгельма Вюрца при содействии Земельного ведомства охраны памятников Гессена и городского ведомства Надземного строительства. Общие расходы в сумме 2 300 000 евро несли Земля Гессен, Erich-Haub-Zais-Stiftung и соответствующее Федеральное ведомство. В 2007 году купола храма вновь золотили, затратив 588 000 евро.

Kompetent und engagiert lenkte der Wiesbadener Architekt Wilhelm Würtz über viele Jahre (1994–2008) hinweg das schwierige Sanierungs- und Restaurierungsgeschehen an und in der Russischen Kirche. ※ *Висбаденский архитектор Вильгельм Вюрц, руководитель работ по реставрации русской церкви с 1994 по 2008 год*

RESTAURIERUNGEN UND SANIERUNGEN

Edgar Heydock

Es war höchste Zeit, als im Jahre 1978 mit der Generalsanierung der Russischen Kirche begonnen wurde. Witterungseinflüsse und die starke Immissionsbelastung hatten im Laufe der Jahre erhebliche Schäden an der Fassade verursacht und damit auch im Innern des Bauwerks zu einer teilweisen Zerstörung der Wandmalerei, der Gemälde und der Stuckdekoration geführt. Die starke Verwitterung der Fassade machte es erforderlich, einen Großteil der Steine zu überarbeiten, um die in das Innere der Kirche eindringende Feuchtigkeit zu unterbinden. Die aufwändige Sanierung der Fassade wurde 1980 abgeschlossen. Die Durchführung der Sanierungsarbeiten lag in der Verantwortung der städtischen Ämter. Die Kosten wurden von der Stadt Wiesbaden, dem Land Hessen, der Erich-Haub-Zais-Stiftung (EHZ-Stiftung) und der Russisch-Orthodoxen Kirche im Ausland getragen. Die Gesamtkosten betrugen ca. DM 1.250.000.

Ende 1994 begann eine neue Phase der Erhaltungsmaßnahmen und als erste Stufe die Gemälde-, Marmor- und Stucksanierung in der Innenkirche. Die Arbeiten dauerten über vier Jahre und wurden durch qualifizierte Spezialfirmen ausgeführt. In einer zweiten Stufe wurden die Eingangstüren restauriert und Verglasungsarbeiten an der Glaskuppel oberhalb der Grabnische vorgenommen. Dabei wurde die Notverglasung entfernt und die ursprüngliche Verglasung dem Original entsprechend nachgebaut. 2002 war die Restaurierung beendet. Die Arbeiten der 1. und der 2. Stufe standen unter der Leitung des Wiesbadener Architekten Wilhelm Würtz und wurden vom Landesamt für Denkmalpflege in Hessen und dem städtischen Hochbauamt betreut. Die Gesamtkosten in Höhe von ca. EURO 2.300.000 trugen das Land Hessen, die EHZ-Stiftung und die zuständige Bundesbehörde. Im Jahre 2007 wurden die Kuppeln mit einem finanziellen Aufwand von ca. EURO 588.000 neu vergoldet.

April 1979 – Ortsbesichtigung in luftiger Höhe: Der technische Oberleiter Günter Juvan (rechts) informiert über den Stand der Sanierungsarbeiten. Von links: Leiter des Stadtplanungsamtes Edgar A. Heydock, Stadtentwicklungsdezernent Jörg Jordan und Denkmalpfleger Berthold Bubner ※ *Апрель 1979. Главный технический руководитель работ Гюнтер Юван дает пояснение на месте проведения реставрации Бертольду Бубнеру, главе ведомства охраны памятников, Йорку Иордану, члену правительства Висбадена, руководившему вопросами развития города, и Эдгару Хайдоку, главе ведомства по градостроительству (справа налево)*

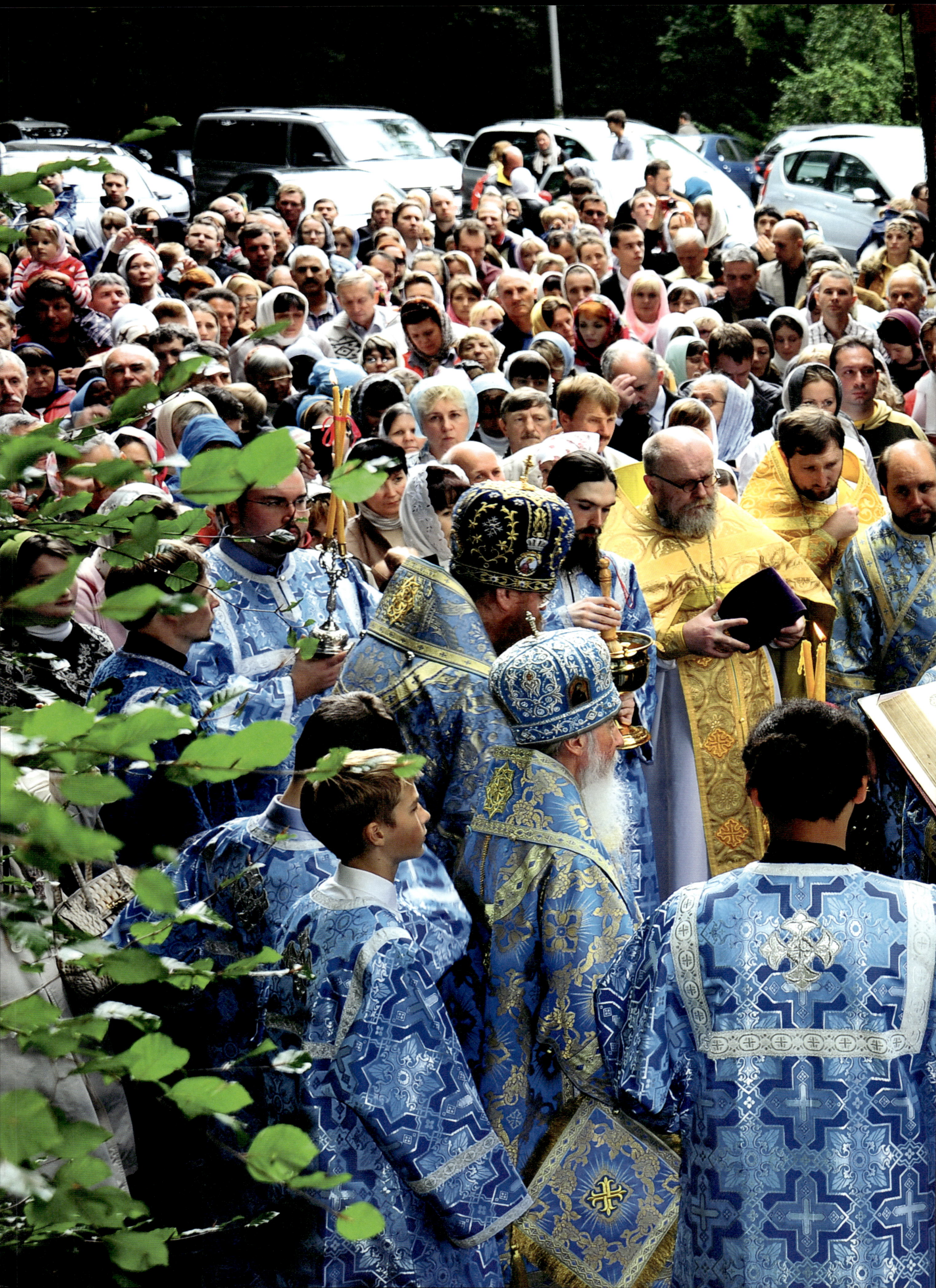

KIRCHEN LEBEN

Dr. Alexander de Faria e Castro und Marina Werschewskaja

❋ KIRCHENLEBEN ❋

*Prozession,
Fotografie Ende
1950/Anfang 1960*
❋ Крестный ход.
*Фотография конца
1950-х - начала
1960-х*

EINFÜHRUNG

Das Kirchenleben der russisch-orthodoxen Kirche der hl. Elisabeth in Wiesbaden, allgemein gebräuchlich auch „Russische Kirche", ist von der Zeitgeschichte geprägt. Deutlich erkennbar sind drei Entwicklungsabschnitte: Der erste spiegelt die Periode von der Einweihung der Kirche der hl. Elisabeth 1855 bis zum Beginn des Ersten Weltkrieges und der russischen Revolution 1917, der zweite die Geschehnisse bis Ende des Zweiten Weltkrieges und der dritte die Zeit bis in die Gegenwart wider.

Die Russische Kirche diente in den Anfangsjahren vorwiegend Besuchern des beliebten Kurortes Wiesbaden aus höchsten Kreisen Russlands. Eine ständige Gemeinde entstand erst infolge der russischen Revolution von 1917, als die erste Emigrationswelle zahlreiche Aristokraten nach Wiesbaden spülte. Wegen der politischen Veränderungen in Deutschland in den dreißiger Jahren verließen viele Emigranten Wiesbaden. Die Gemeinde schrumpfte entsprechend.

Im Verlauf der zweiten Emigrationswelle nach 1945 schwoll die Gemeinde wieder an. Im Unterschied zur ersten kamen Flüchtlinge aus allen Schichten und verschiedenen Ländern nach Wiesbaden. Gemeinsam verband sie die Furcht vor der Sowjetarmee und dem stalinistischen Terror. Wegen ihrer vielschichtigen Herkunft war das Gemeindeleben nicht immer spannungsfrei.

Derzeit besteht die Gemeinde aus etwa 300 Mitgliedern. Es ist zu hoffen, dass sich ihre Zahl nicht wegen gewaltsamer äußerer Umstände erneut verändert.

ЦЕРКОВНАЯ ЖИЗНЬ

д-р. Александр де Фариа э Кастро и Марина Вершевская

Висбаден по праву называют «самым русским» городом Германии. Символами «русского Висбадена» стали православная церковь Святой Праведной Елисаветы и устроенное рядом с ней на склоне горы Нероберг русское кладбище. Воздвигнутая в 1855 году церковь – усыпальница супруги герцога Адольфа фон Нассау великой княгини Елизаветы – в момент своего основания была единственной православной святыней на юго-западе Германии. Освящение этого мемориального памятника на могиле особы, принадлежащей к правящим династиям в России и в Нассау, явилось знаменательным событием для обоих государств.

Следует отметить, что впервые православная церковь была учреждена в Висбадене еще в 1844 году как домовая для великой княгини Елизаветы. В брачном договоре оговаривалось право будущей герцогини Нассау сохранить православную веру. В домовом храме, фактически ставшем после кончины великой княгини приходским, и в усыпальнице на Нероберге служил один и тот же причт. До 1914 года, когда в начале Первой мировой войны последовал запрет немецких властей на службы в русской церкви, в должности настоятеля сменилось пять священников: Иоанн Базаров (1844–1851), Иоанн Янышев (1852–1856, 1859–1866), Павел Матвеевский (1856–1859), Арсений Тачалов (1867–1887), Сергий Протопопов (1887–1914). Годы их пребывания в Германии пришлись на тот период, когда настоятелями русских церквей за рубежом становились прекрасно образованные, имевшие широкий кругозор лучшие выпускники духовных академий. Не случайно один из русских мемуаристов писал о том, что «заграничные священники делают нам честь». Своеобразие пастырской службы «на чужой стороне», когда зимой – иногда даже по праздничным дням – кроме причта в храме никого не было, давало возможность совмещать церковное служение с научными и литературными занятиями.

Особое внимание висбаденские священники уделяли церковному хору, который впоследствии славился далеко за пределами Нассау. Поскольку приезжавшие из России певчие не оставались подолгу за границей, в январе 1855 года было получено разрешение императора Николая I «на образование при висбаденской церкви хора из тамошних уроженцев – любителей пения». Традиция сохранялась до недавнего времени: если по недостатку прихожан некем было пополнить хор, то на клиросе пели немецкие хористы.

«Редкий русский проезжает Висбаденом, не побывав в своей церкви», – справедливо заметил в середине XIX века граф Федор Толстой. Посещение храма позволяло православным вести привычный образ жизни и вдали от родины, иметь столь необходимую духовную поддержку. Зачастую в ту пору только у священника можно было получить совет в житейских делах, а бывало, и материальную помощь. Так, к отцу Янышеву обращался с просьбой одолжить денег Достоевский, проиграв значительную сумму в висбаденском казино...

Среди тех, кого крестили, венчали, исповедали, отпевали священники висбаденской церкви, встречается много имен известных соотечественников, в основном тех, кто лечился «на водах» или путешествовал. Лишь немногочисленные прихожане постоянно пребывали в курортном городе. В их числе – младшая дочь А. Пушкина Наталия Александровна, более сорока лет проживавшая в Висбадене после того, как вышла замуж в 1867 году за принца Николауса фон Нассау, младшего брата герцога Адольфа. При вступлении в морганатический брак ей был пожалован титул графини Меренберг.

За долгие годы немало икон в дорогих серебряных окладах, церковной утвари, облачения для священников было пожертвовано в храм высочайшими особами, духовными лицами и теми россиянами, которые приезжали в XIX – начале XX века на известный немецкий курорт.

В 1912 году надгробный храм с прилегающим лесным участком был выкуплен за 414 тысяч марок у великих герцогов Люксембургских, наследников герцогского дома Нассау, и перешел во владение России.

Новая веха в истории церкви наступила в начале 1920-х годов, когда в Европу хлынула волна эмиграции из России. Прилив беженцев привел

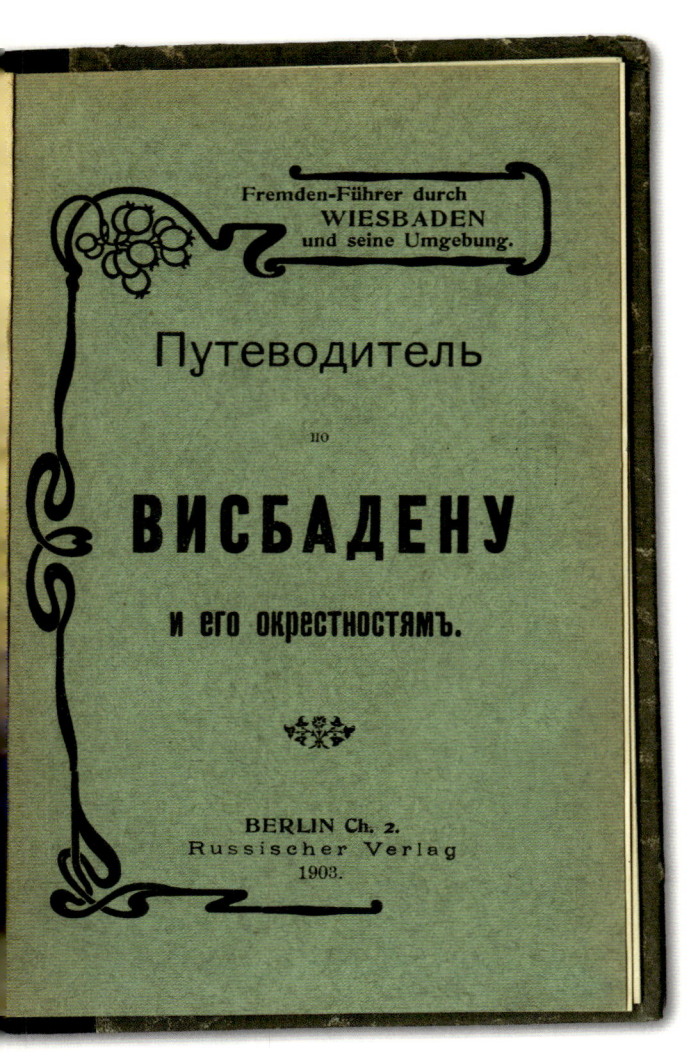

In solchen Reiseführern Anfang des 20. Jahrhunderts stand für russische Besucher Wissenswertes über die bekannte Kurstadt ✵ *В таких путеводителях в начале XX века русская публика находила разнообразные сведения об известном немецком курорте*

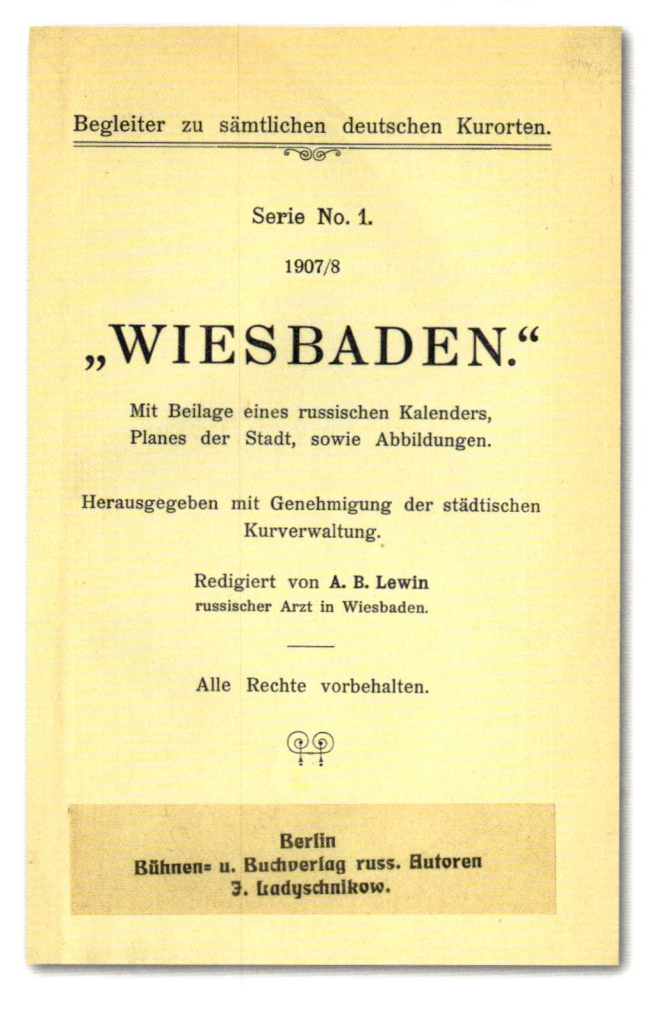

к тому, что в Висбадене впервые за все годы появился постоянный православный приход. Серьезную поддержку соотечественникам в начале их беженской жизни оказывало Приходское попечительство, насчитывавшее более 250 членов, в их числе графиня Елизавета Воронцова-Дашкова, графиня Ольга Меренберг (урожденная светлейшая княжна Юрьевская), княгиня Варвара и князь Сергей Гагарины, княгиня Ольга и князь Владимир Барятинские, баронесса Мария фон дер Пален, сын художника Явленского Андрей и другие известные лица.

В те годы нелегкая доля налаживать молитвенную жизнь в храме выпала отцу Павлу Адамантову, бывшему здесь же с 1908 года диаконом. Отец Павел прослужил священником в Висбадене сорок лет, до своей кончины в 1960 году. Его считали в городе заметной фигурой, своего рода достопримечательностью, называя «weishaarige Patriarch» (седовласым патриархом) православной общины. На склоне лет отец Павел (он не дожил год до девяностолетия) был старейшим из православных священников-эмигрантов.

В конце 1920 – начале 1930-х годов под влиянием экономического кризиса и изменившегося политического положения много русских эмигрантов покинуло Германию. Становилась все малочисленней и русская колония в Висбадене.

Приходская жизнь заметно оживилась после Второй мировой войны. Среди новой, уже второй волны эмигрантов преобладали те, кого называли DP (первоначально они находились в специально устроенных американской администрацией лагерях для перемещенных лиц – «displaced persons»). В основном это были «Ostarbeiter», принудительно угнанные из СССР на работы в Германию, или военнопленные. И те, и другие опасались подвергнуться репрессиям после возвращения на родину. Были среди DP и граждане СССР, бежавшие от сталинского режима. Новую волну беженцев пополнили и русские эмигранты первой волны, покинувшие Прибалтику, Балканы, страны Центральной и Восточной Европы, куда наступала Советская Армия. С послевоенным потоком эмигрантов в Германии оказались и многие православные священники и епископы.

В 1946 году, с назначением настоятелем храма Святой Елисаветы архиепископа Филофея (в миру Владимир Нарко), начались особо торжественные архиерейские службы. Для участия в них требовалось усилить небольшой в то время церковный хор. Его возродила новый регент Ларисса Павловна Шестакова.

Владыка Филофей, блестящий проповедник, в своих повседневных трудах много времени уделял пастырской деятельности, придавая значение разным сторонам приходской жизни: при его содействии был организован Русский комитет помощи эмигрантам, устраивались рождественские елки с раздачей детских подарков и содержательной концертной программой, проводились дни русской культуры, читались лекции. Такой подъем жизни прихода продолжался до отъезда владыки Филофея в Гамбург в 1953 году. В 1971 году он стал архиепископом Берлинским и Германским Русской Православной церкви заграницей.

Отметим, что к концу 1950-х годов уже немногие из эмигрантов второй волны оставались в Висбадене, большая часть переселилась во Францию или «за океан».

В третий раз приход висбаденского храма значительно увеличился на рубеже XX и XXI веков за счет притока переселенцев из постсоветской России и бывших союзных республик. Сейчас в нем состоит около 300 человек.

В храме на Нероберге совершали богослужения многие видные деятели Германской епархии Русской Православной церкви заграницей. На протяжении долгих лет настоятелем храма является архиепископ Берлинский и Германский Марк. В Висбадене владыка в основном служит по большим праздникам. В остальные дни службу совершает священник Александр Зайцев.

Завершая рассказ о жизни одного из русских храмов в зарубежье отметим, что важнейшие памятные даты в его истории – 100-летие, 125-летие и 150-летие освящения церкви на Нероберге – стали значимыми городскими событиями.

ВИСБАДЕНЪ.
Д-ръ мед. Б. ГЕЙЛЕ
Спеціалистъ по хирургическимъ болѣзнямъ
Вильгельмштрассе 34 I.
Dr. med. B. HEILE, WIESBADEN.

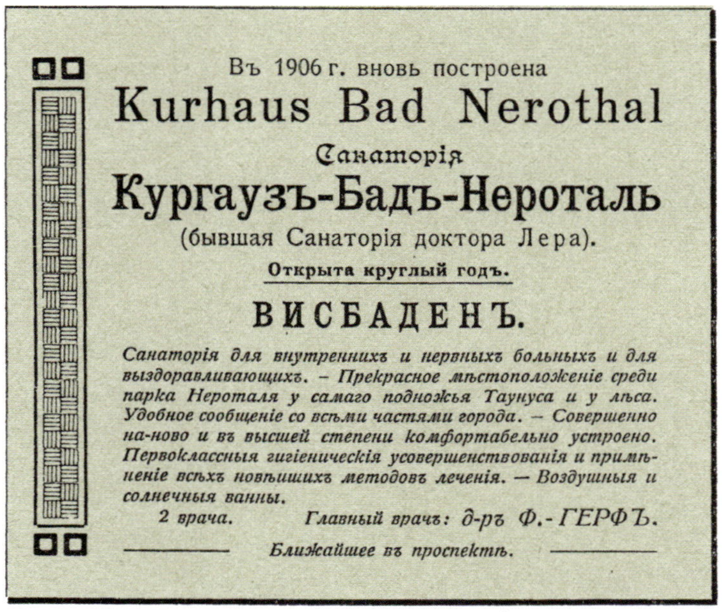

Въ 1906 г. вновь построена
Kurhaus Bad Nerothal
Санаторія
Кургаузъ-Бадъ-Нероталь
(бывшая Санаторія доктора Лера).
Открыта круглый годъ.
ВИСБАДЕНЪ.

Санаторія для внутреннихъ и первныхъ больныхъ и для выздоравливающихъ. – Прекрасное мѣстоположеніе среди парка Нероталя у самаго подножья Таунуса и у лѣса. Удобное сообщеніе со всѣми частями города. – Совершенно на-ново и въ высшей степени комфортабельно устроено. Первоклассныя гигіеническія усовершенствованія и примѣненіе всѣхъ новѣйшихъ методовъ леченія. — Воздушныя и солнечныя ванны.

2 врача. Главный врачъ: д-ръ Ф.-ГЕРФЪ.

Ближайшее въ проспектѣ.

Werbung aus russischen Reiseführern, Anfang des 20. Jahrhunderts ⁂ *Рекламные объявления из русских путеводителей по Висбадену начала XX века*

Ansichten von Wiesbaden, Fotografien aus russischen Reiseführern, Anfang des 20. Jahrhunderts ⁂ *Виды Висбадена. Фотографии из русского путеводителя начала XX века*

Russischste Stadt Deutschlands

Zutreffend wird Wiesbaden als die russischste Stadt Deutschlands bezeichnet. Wahrzeichen für das russische Wiesbaden sind die Russische Kirche auf dem Neroberg sowie der angrenzende russische Friedhof.

Die als Grablege der Großfürstin Elisaweta Michailowna, Gattin des Herzogs Adolph von Nassau, angelegte Russische Kirche wurde 1855 eingeweiht. Damals wie heute ist sie Gegenstand der Bewunderung der fundiertesten und feinsten Kunstliebhaber. Sie gilt als die eleganteste russisch-orthodoxe Kirche in Deutschland.

Zur Zeit ihrer Entstehung war sie in Südwestdeutschland die einzige russisch-orthodoxe Kirche. Weder in Baden-Baden, Bad Ems, Bad Homburg noch in anderen bei der russischen Aristokratie beliebten Kurorten gab es zu jener Zeit russische Kirchen. Vergleicht man Marksteine der russisch-orthodoxen Kultur in Westeuropa, erstrahlten die Kuppeln der Kirche der hl. Elisabeth auf dem Neroberg früher als die in russischem Stil erbauten Kirchen in Paris, Nizza, Weimar, Dresden und Berlin. Folgerichtig entstand in Wiesbaden der Mittelpunkt des geistlichen Lebens mehrerer russischer Generationen, die schicksalhaft mit dieser Stadt verbunden waren.

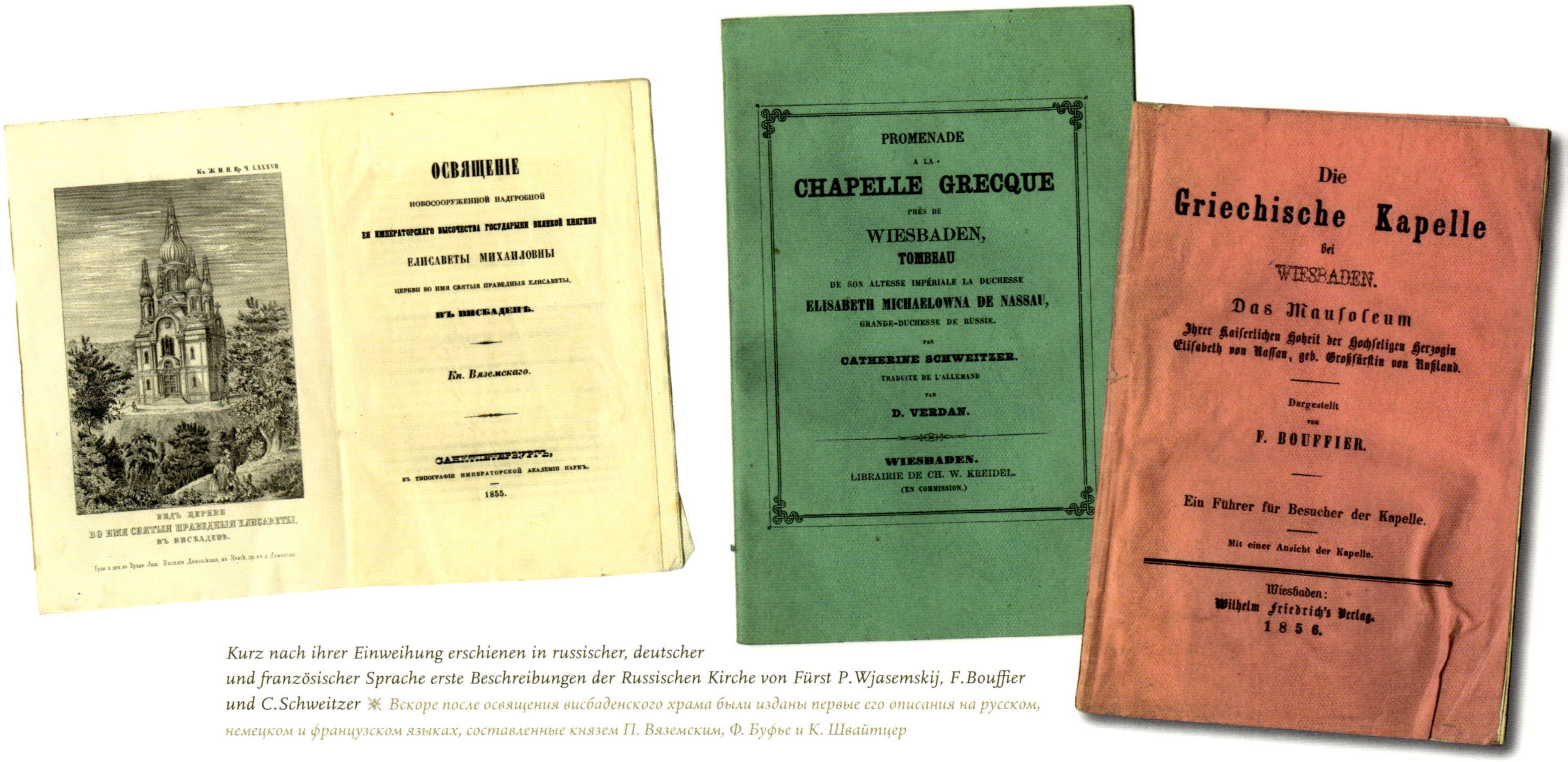

Kurz nach ihrer Einweihung erschienen in russischer, deutscher und französischer Sprache erste Beschreibungen der Russischen Kirche von Fürst P. Wjasemskij, F. Bouffier und C. Schweitzer ✵ Вскоре после освящения висбаденского храма были изданы первые его описания на русском, немецком и французском языках, составленные князем П. Вяземским, Ф. Буфье и К. Швайтцер

EINWEIHUNG DER GRABKAPELLE – ANFANGSJAHRE

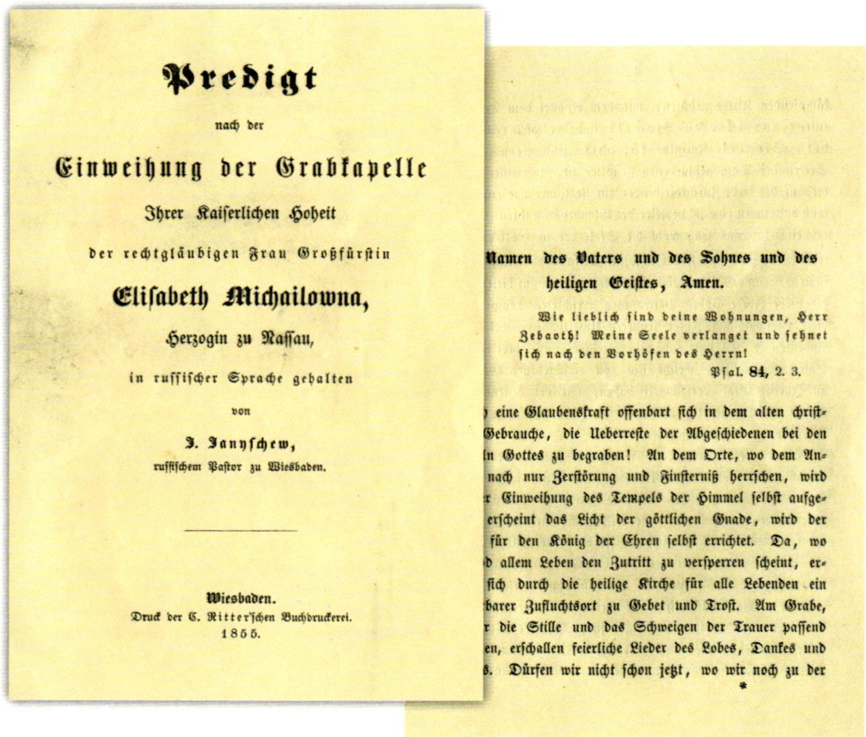

Die Einweihung der Grabkapelle, einer Gedenkstätte zu Ehren eines Mitgliedes der herrschenden Dynastien in Russland und Nassau, war ein herausragendes Ereignis für beide Länder. Zu den Feierlichkeiten am 25. Mai 1855, am Vorabend des Geburtstages der verstorbenen Großfürstin Elisaweta, erschienen russische Diplomaten, offizielle Vertreter des herzoglichen Hofes und der Stadt Wiesbaden, katholische und protestantische Geistliche. Die Kunde von den Feierlichkeiten veranlasste russische Familien, aus den benachbarten Kurorten nach Wiesbaden zu reisen.

Den Einweihungs-Gottesdienst zelebrierte der Gemeindepriester der Wiesbadener Kirche Ioann Janyschew unter Mitwirkung der Erzpriester der russisch-orthodoxen Kirchen in Stuttgart und Berlin, Ioann Basarow und Wasilij Palisadow. Am Ende des Gottesdienstes hielt Erzpriester Janyschew seine Predigt, nachdem der vorher übersetzte Text den deutschen Gästen überreicht worden war. In der folgenden Nacht überführte unter Fackeln ein Katafalk-Gespann die Gebeine der Großfürstin Elisaweta und ihrer Tochter von der katholischen Kirche des hl. Bonifatius in die neue Grabkirche.

Nach der Totenandacht trug man den Sarg in die Krypta und ließ ihn in die Gruft an der Nordwand herab, die mit einer weißen Marmorplatte verschlossen wurde. In der Wandnische, nahe des Grabmals, wurde eine Ikone angebracht, die den Trauerzug angeführt hatte (S. 92). Es handelt sich um eine mit Edelsteinen

Übersetzung der Predigt des Hauptgeistlichen Erzpriester I. Janyschew, die er anlässlich der Einweihung der Kirche am 25. Mai 1855 gehalten hat ✵ Перевод проповеди, которую произнес при освящении храма его настоятель Иоанн Янышев 25 мая 1855 года

verzierte Christus-Ikone. Sie gehörte der Großfürstin Elisaweta. Mit ihr hatten ihre Eltern sie früher gesegnet. Wenige Zeit später entstanden in der Krypta zwei weitere Ruhestätten: für den Sohn und die Tochter des Herzogs Adolph von Nassau aus der zweiten Ehe, den einjährigen Prinzen Friedrich Raul Wilhelm (23.09.1854–23.10.1855) und die eineinhalb Monate alte Prinzessin Marie Mathilde Wilhelmine Charlotte (14.11.1857–28.12.1857). Da es vor Vollendung der Marktkirche in Wiesbaden keine protestantische Grabkirche für die regierende Dynastie gab, genemigten die zuständigen russischen Staatsstellen auf entsprechendes Ersuchen die Beisetzung der Säuglinge evangelischen Glaubens in der russisch-orthodoxen Kirche.

Fotografie eines russischen Reisenden, Anfang des 20. Jahrhunderts ✲
Эта фотография была сделана одним из русских путешественников в начале XX века

Brief von Erzpriester I. Janyschew zur von dem Schriftsteller Fürst P. Wjasemskij verfassten Broschüre über die Einweihung der Kirche. 26. Juni 1855. ✲ *Письмо священника Иоанна Янышева по поводу издания брошюры поэта и литератора князя П. Вяземского об освящении церкви в Висбадене. 26 июня 1855 года*

HAUSKIRCHE

Neben der großen Russischen Kirche auf dem Neroberg gab es in Wiesbaden noch eine weitere russisch-orthodoxe Kirche, die sogenannte Hauskirche. Ihre Geschichte beginnt fast zehn Jahre früher, 1844, als Herzog Adolph und Großfürstin Elisaweta, nunmehr Herzogin von Nassau, nach ihrer Hochzeit in Wiesbaden eintrafen. Der Ehevertrag der Vermählten sah für die zukünftige Herzogin von Nassau das Recht vor, ihren russisch-orthodoxen Glauben beizubehalten und eine eigene Hauskirche zu halten.

Großfürstin Elisaweta folgte aus St. Petersburg ihr geistlicher Vater Ioann Basarow. Gleichzeitig kam die historisch wertvolle faltbare Ikonostase, auch „Feld"-Ikonostase genannt, mit einigen weiteren Ikonen in Wiesbaden an. Anfangs wurde für die Hauskirche ein Saal in einem Gebäude der Rheinstraße bestimmt. Dort wurde im Januar 1845 für die verstorbene Großfürstin der Beerdigungsritus zelebriert. Nach dem Ableben der Großfürstin hatte die Hauskirche ihre anfängliche Bestimmung verloren und entwickelte sich zur Gemeindekirche.

Anfang der 50er Jahre des 19. Jahrhunderts wurde sie in ein Gebäude in der Kapellenstraße verlegt, den Wohnsitz des russisch-orthodoxen Priesters. Mit der Fertigstellung der Grabkapelle auf dem Neroberg verlor sie ihren Stellenwert. Allerdings war es im Winter schwierig, auf den Neroberg zu gelangen. Überdies war die Grabkirche nicht beheizbar, ein längerer Aufenthalt in ihrem Innenraum schwierig. Deshalb wurde 1861 die Kirche in der Kapellenstraße erneut geweiht und genutzt. Hier fanden während der kalten Jahreszeit Gottesdienste statt, weshalb sie auch Winterkirche hieß. Im Sommer wurden hier Abendandachten gehalten. Diese Stätte wurde 1911 aufgegeben und in das eigens für den Erzpriester erworbene Gebäude in der Martinstraße verlegt. Nach Ende des Zweiten Weltkrieges diente die Krypta der Grabkapelle der hl. Elisabeth auf dem Neroberg, auch als „Unterkirche" bezeichnet, als Winterkirche.

In diesem Gebäude in der Kapellenstraße 19 befand sich seit den 1850er Jahren für fast 60 Jahre die russische Hauskirche, dort wohnte auch der russische Priester ✲ *В этом доме на Капелленштрассе, 19, с начала 1850-х годов почти шестьдесят лет находилась домовая русская церковь и жил православный священник*

❋ KIRCHENLEBEN ❋

FELD-IKONOSTASE

Die bedeutendste Sehenswürdigkeit der Unterkirche ist bis in die Gegenwart die faltbare „Feld"-Ikonostase, die im Jahr 1844 nach Wiesbaden gelangte. Erschaffen wurde sie früher, vermutlich Anfang des 19. Jahrhunderts. Als Original eines historischen Kunstwerkes hat Priester Sergij Protopopoff sie bezeichnet. Er hatte Ende der achtziger Jahre des 19. Jahrhunderts viel Mühe aufgewandt, um historische Ikonen zu restaurieren.

Auf der Leinwand der Feld-Ikonostase befinden sich zwölf Ikonen. Auf der Königspforte das Abendmahl und Abbildungen der vier Evangelisten mit den dazugehörigen Symbolen: Evangelist Markus mit einem Evangelist Lukas mit einem geflügelten Stier und Evangelist Johannes mit einem Adler. Über der Königspforte befindet sich die Ikone „Das letzte Abendmahl". Rechts und links von der Königspforte sind Abbildungen von Jesus Christus und der Gottesmutter mit Magdalena angebracht, an ihrer jeweiligen Seite auf den südlichen und nördlichen Pforten die Erzengel Michael

Hauptikone der russischen Kirchen befindet, ist das Bildnis des hl. Fürsten Alexander

Ikone des heiligen Fürsten Alexander Newskij

※ KIRCHENLEBEN ※

Königspforte der Feld-Ikonostase

S. 90–91: Allgemeine Ansicht des Innenraums mit Blick auf die Ikonostase

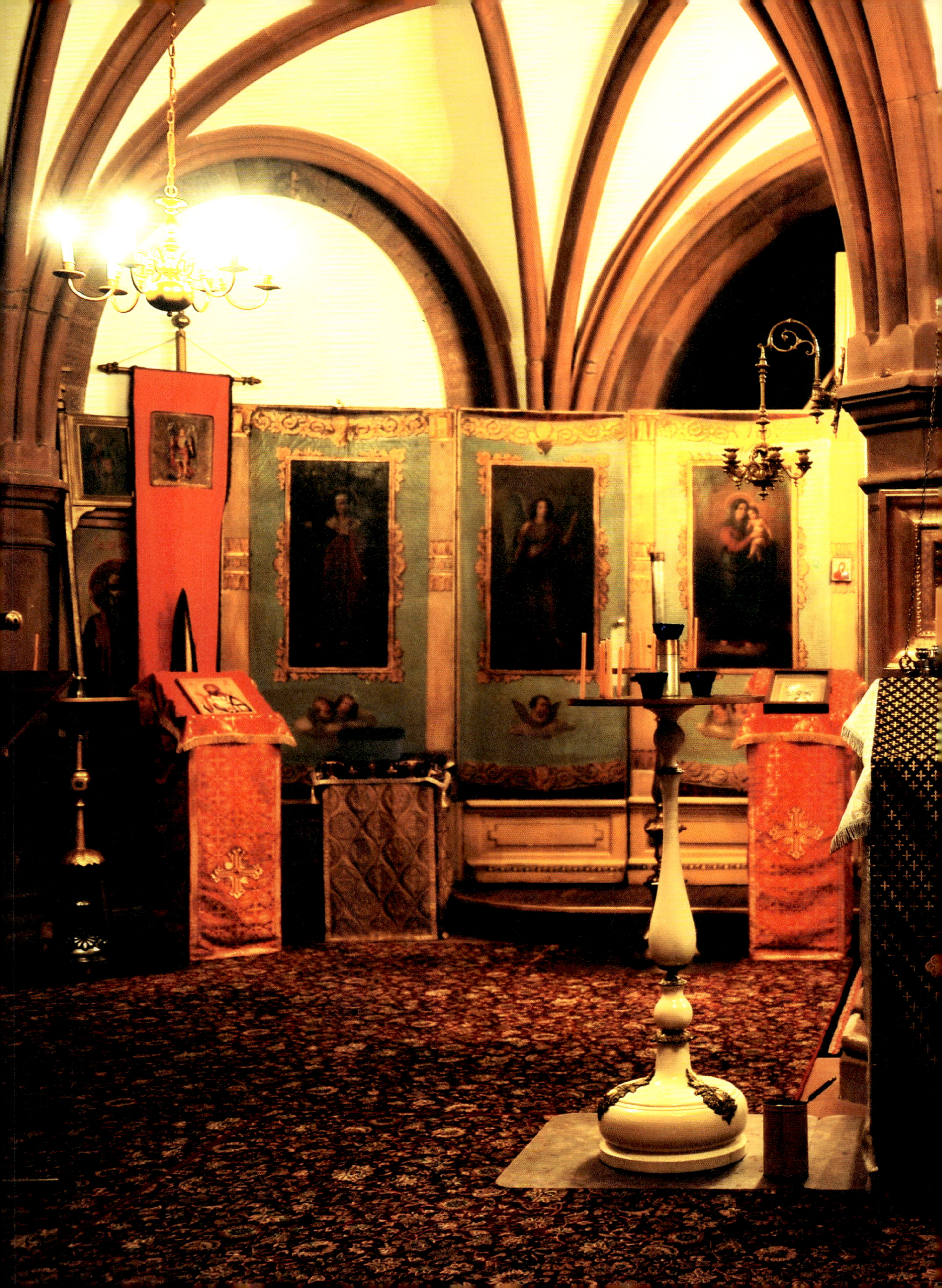

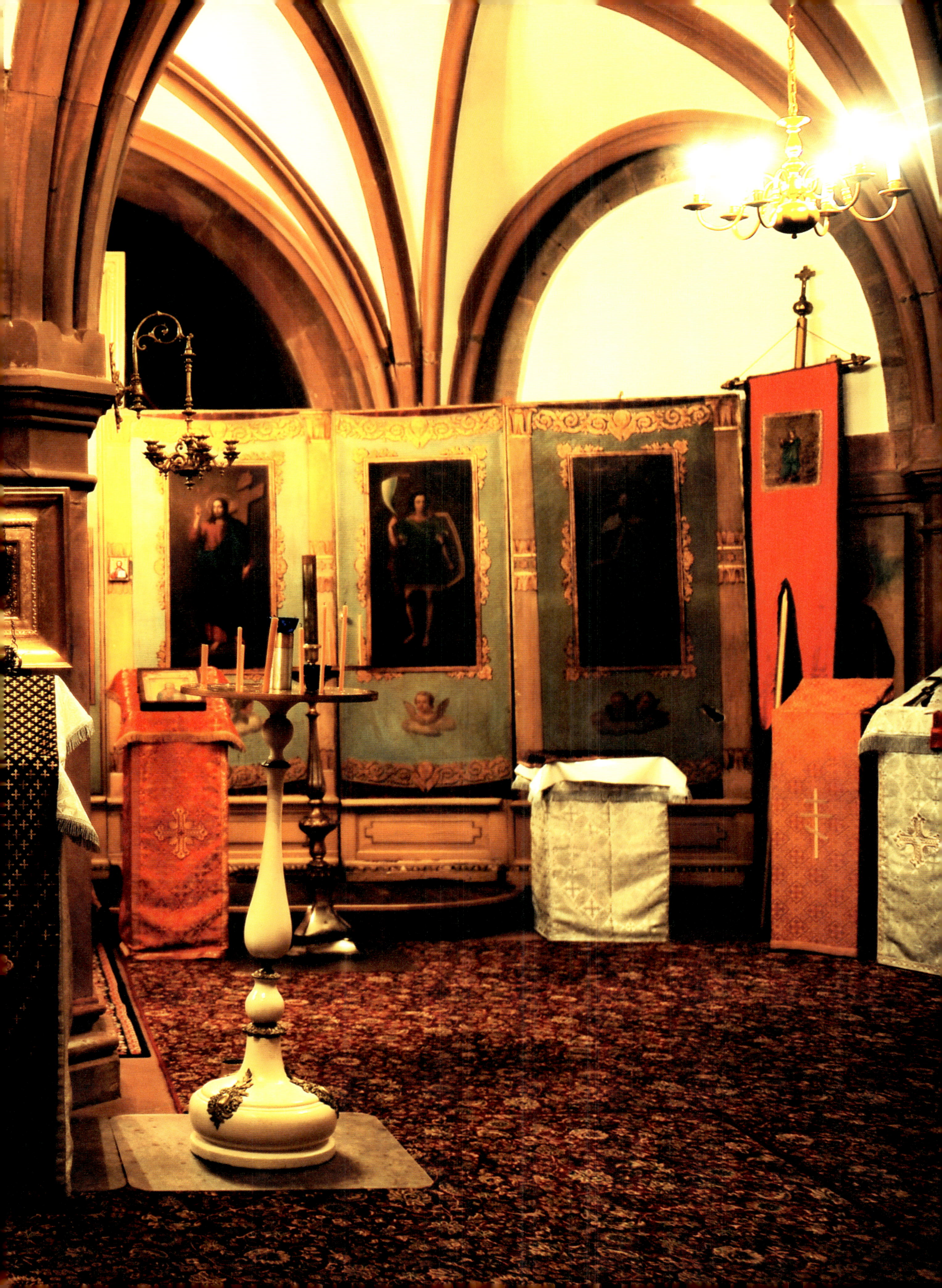

CHRISTUSDARSTELLUNG, PERSÖNLICHE IKONE DER GROSSFÜRSTIN ELISAWETA, HERZOGIN VON NASSAU

Die in eine Wand der Unterkirche eingelassene Ikone entstand ca. 1843 in St. Petersburg in der Malweise der Nazarener. Sie ist in ölhaltiger Tempera auf einer Kupferplatte ausgeführt und in einen Silberrahmen mit applizierten Messingornamenten eingefasst. In der Mitte oben schmückt eine halbrunde Agraffe, bestückt mit einem großen roten Stein, das Bild.

Die stark beschädigte Malschicht der Ikone bekam 2008 durch die Arbeit der ehemaligen Chefrestauratorin des Landesamtes für Denkmalpflege Hessen, Uta Reinhold, ihr ursprüngliches Aussehen zurück.

ОБРАЗ СПАСИТЕЛЯ, ЛИЧНАЯ ИКОНА ВЕЛИКОЙ КНЯГИНИ ЕЛИЗАВЕТЫ, ГЕРЦОГИНИ ФОН НАССАУ

Укрепленная в стене нижнего храма икона была написана около 1843 года в Петербурге в стиле назарейцев (немецких живописцев-романтиков), масляной темперой на медной доске и заключена в серебряную раму с латунным узором. В середине наверху в аграфе находится большой красный камень.

Сильно поврежденную икону, точнее сказать, живопись, в 2008 году привела в первоначальный вид главный реставратор Ведомства охраны памятников земли Гессен Ута Райнхольд.

✷ KIRCHENLEBEN ✷

✳ KIRCHENLEBEN ✳

Kirchenausstattung

Über viele Jahre entstand in der Grabkirche auf dem Neroberg und der kleinen Kirche in der Kapellenstraße eine wertvolle Ausstattung. Viele Ikonen mit kostspieligen, silbernen Beschlägen, kirchliche Gerätschaften und Priestergewänder sind von höchsten Kreisen, Geistlichen und Russen, die im 19. Jahrhundert in dem bekannten und sehr beliebten Kurort zu Gast weilten, gespendet worden. Großfürstin Jelena Pawlowna, die für ihre verstorbene Tochter die Ikonostase für den Hauptraum der russischen Grabkirche – auch Oberkirche genannt – erschaffen ließ, sandte Priestergewänder für Gottesdienste nach Wiesbaden. Die wertvollen Tücher für ihre Anfertigung suchte sie persönlich aus. Eine ihrer weiteren bedeutenden Schenkungen ist die Ikone „Auferstehung Christi", die sich in der Kapelle auf dem Friedhof befindet. Die Schwester der Verstorbenen, Großfürstin Jekaterina Michailowna, brachte im Jahr 1852 das mit Edelsteinen versehene Evangeliar (liturgisches Buch) und ein silbernes, vergoldetes Weihrauchgefäß nach Wiesbaden.

➤ *Altarkreuz der Kirche, gewidmet von der Witwe A. Brzeskijs, der 1868 auf dem russischen Friedhof beigesetzt wurde*
✳ Крест напрестольный. Пожертвован в храм вдовой А. Бржеского, похороненного на русском кладбище в Висбадене в 1868 году

▼ *Kirchengeräte: Weihrauchfass und Becher, Ende des 19. Jahrhunderts*
✳ Предметы церковной утвари – кадило и ковш. Конец XIX века

↑ *Rückseitige Aufschrift auf einer Ikone. Eine Schenkung von E.Köhler, geb. Baronesse Korff, 1892 auf dem russischen Friedhof beigesetzt.*
❋ Дарственная надпись на оборотной стороне иконы, пожертвованной в храм в память Е. Кёллер, урождённой баронессой Корф, похороненной на русском кладбище в Висбадене в 1892 году

↑ *Ikone des hl. Nicolaus im Oklad (Schutzhülle), Ende des 19. Jahrhunderts/Anfang des 20. Jahrhunderts* ❋ Икона Святителя Николая в окладе. Конец XIX – начало XX века

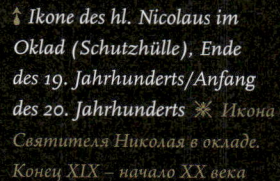

→ *Ikone der Gottesmutter des Zeichens im Oklad (Schutzhülle), Ende des 19. Jahrhunderts/Anfang des 20. Jahrhunderts* ❋ Икона Богоматери Знамение в окладе. Конец XIX – начало XX века

✵ KIRCHENLEBEN ✵

⚜ Altargeräte aus Silber. Sie stehen auf dem Opfertis
auf dem die Gaben für die heilige Kommunion
vorbereitet werden: Asterikos, Patene, Kirchenteller
und Kommunionskelch, Mitte des 19. Jahrhunderts

✵ Предметы церковной утвари из серебра – звездиц
дискос, блюдо, потир (чаша для причастного
вина). Находятся в алтаре на жертвеннике, где
приготовляются дары для таинства причастия.
Середина XIX века

✷ KIRCHENLEBEN ✷

➼ *Ikone der Gottesmutter mit Christuskind, Ende des 19. Jahrhunderts* ※ Икона Богоматери с Младенцем Иисусом Христом, Конец XIX века

❦ *Hochzeitskronen, die während der Vermählung über den Köpfen des Brautpaares gehalten werden, Ende des 19. Jahrhunderts/Anfang des 20. Jahrhunderts* ※ Венчальные венцы. Во время обряда венчания их держат над головами новобрачных. Конец XIX – начало XX века

KIRCHENLEBEN

↑ *Velum (Deckchen für den Kelch und Patene) aus Samt, versehen mit einer Stickerei aus Metallzwirn und Fransenbordüre, zweite Hälfte des 19. Jahrhunderts* ✹ Покровец. Бархат, вышивка металлической нитью, бахрома. II половина XIX века

Zur Einweihung der Russischen Kirche der hl. Elisabeth auf dem Neroberg überreichte der erste russische Kirchenvorsteher, Erzpriester Basarow die silberbeschlagene Ikone der Gottesmutter von Kazan. Zur gleichen Zeit wurde die große Ikone „Auferstehung Christi" mit dem dazugehörigen Schnitzrahmen im Namen des herzoglich-nassauischen Hofes angebracht. Zu den bedeutenden Schenkern zählen solche klangvollen Namen wie Gräfin Murawjewa, Gräfin Alexandra Tolstoi, Fürstin Elisaweta Repnina, Fürstin Vera Wjasemskaja, Baron Korff, Senator Podtschaskij, General Stawitskij, Fürstin Anna Golizyna und viele andere. Die dargereichten Ikonen waren häufig mit einer rückseitigen Aufschrift zum Gedächtnis derer, die auf dem russischen Friedhof in Wiesbaden bestattet waren, versehen. Als bezeichnendes Beispiel sei auf die Inschrift auf der Ikone des hl. Harelampius verwiesen: zum Gedächtnis an A. F. Brzeskij, geboren in Südrussland am 12. April 1818, gestorben an den Ufern des Rheins am 30. Mai 1868. In der Folgezeit ist ein Teil dieser wertvollen Schenkungen auf die später errichteten Auslandskirchen übergegangen. Die verbliebenen Wertsachen befinden sich nach wie vor in der Russischen Kirche auf dem Neroberg.

✳ KIRCHENLEBEN ✳

↦ *Velum aus Samt mit Stickerei aus Metallzwirn und Fransenbordüre versehen, zweite Hälfte des 19. Jahrhunderts* ✳ Покровец. Бархат, вышивка металлической нитью, роспись, бахрома. II половина XIX века

↦ *Aer (grosses Velum) aus Samt mit Stickerei aus Metallzwirn und Fransenbordüre versehen, zweite Hälfte des 19. Jahrhunderts* ✳ Воздух. Бархат, вышивка металлической нитью, бахрома. II половина XIX века

Erzpriester Ioann Basarow zu Beginn seines Aufenthalts in Deutschland (Gravur nach einer Fotografie, Wiesbaden, 1856) und gegen Ende seines Lebens (Gravur nach einer Fotografie, Stuttgart Anfang der 1890er Jahre) ※ *Протоиерей Иоанн Базаров в начале своего пребывания в Германии (гравюра с фотопортрета 1856. Вильбад) и незадолго до кончины (гравюра с фотопортрета начала 1890-х. Штутгарт)*

Erzpriester Ioann Basarow, 1819–1895; Einer der bekanntesten Vertreter der russisch-orthodoxen Auslandskirche, die in der zweiten Hälfte des 19. Jahrhunderts dort tätig waren. Er kam 1844 als geistlicher Beistand der Großfürstin Elisaweta nach Wiesbaden. 1851 wurde er auf Wunsch Nikolaus' I. als Geistlicher seiner Tochter Großfürstin Olga, der späteren Königin von Württemberg, nach Stuttgart versetzt. Er beschäftigte sich mit Übersetzungen russisch-orthodoxer Gebete und geistlicher Schriften ins Deutsche und hat auch eine Reihe eigener Beiträge verfasst. Basarow starb in Stuttgart und wurde in Wiesbaden beigesetzt.

※ *Протоиерей Иоанн Базаров. 1819–1895. Один из самых известных представителей Русской православной церкви, служивших за рубежом во второй половине XIX века. Приехал в Висбаден в 1844 году духовным наставником великой княгини Елизаветы Михайловны. В 1851 году по просьбе Николая I переведен в Штутгарт, духовником великой княгини Ольги Николаевны, в будущем королевы Вюртембергской. Занимался переводами на немецкий язык православных молитв и духовных книг, опубликовал много собственных сочинений. Скончался в Штутгарте, похоронен в Висбадене*

RUSSISCHE ERZPRIESTER DER ANFANGSJAHRE

Seit der Einrichtung der Hauskirche in Wiesbaden 1844 standen ihr und der russisch-orthodoxen Kirche der hl. Elisabeth bis 1914 fünf Erzpriester vor: Ioann Basarow (1844–1851), Ioann Janyschew (1852– 1856, 1859 –1866), Pawel Matwejewskij (1856–1859), Arsenij Tatschaloff (1867– 1887) und Sergij Protopopoff (1887–1914). Mit Beginn des Ersten Weltkrieges verbot die deutsche Staatsmacht Gottesdienste in russisch-orthodoxen Kirchen.

Die genannten Geistlichen waren in Wiesbaden in einer Zeit tätig, in der die in den russischen Auslandskirchen eingesetzten Gemeindevorsteher als Absolventen der besten geistlichen Akademien durch hervorragende Bildung, einen weiten Horizont und fließende Fremdsprachenkenntnisse hervorstachen. Nicht von ungefähr hat ein russischer Memoirenschreiber hervorgehoben, dass „die ausländischen Priester uns zur Ehre gereichen." Auf fremdem Boden erfüllten diese nicht nur die pastoralen Obliegenheiten in Botschafts- oder Hauskirchen, sondern förderten als Repräsentanten auf gleicher Ebene mit dem diplomatischen Corps das Ansehen ihres Heimatlandes und verbreiteten das Wissen der Ausländer über Russland und die russische Orthodoxie.

Predigt, die Ioann Basarow anlässlich der Beerdigung der Großfürstin Elisaweta, Herzogin von Nassau, gehalten hat. Wiesbaden 1845
✳ *Речь, произнесенная о. Иоанном Базаровым при погребении великой княгини Елизаветы Михайловны, герцогини Нассау. Висбаден. 1845*

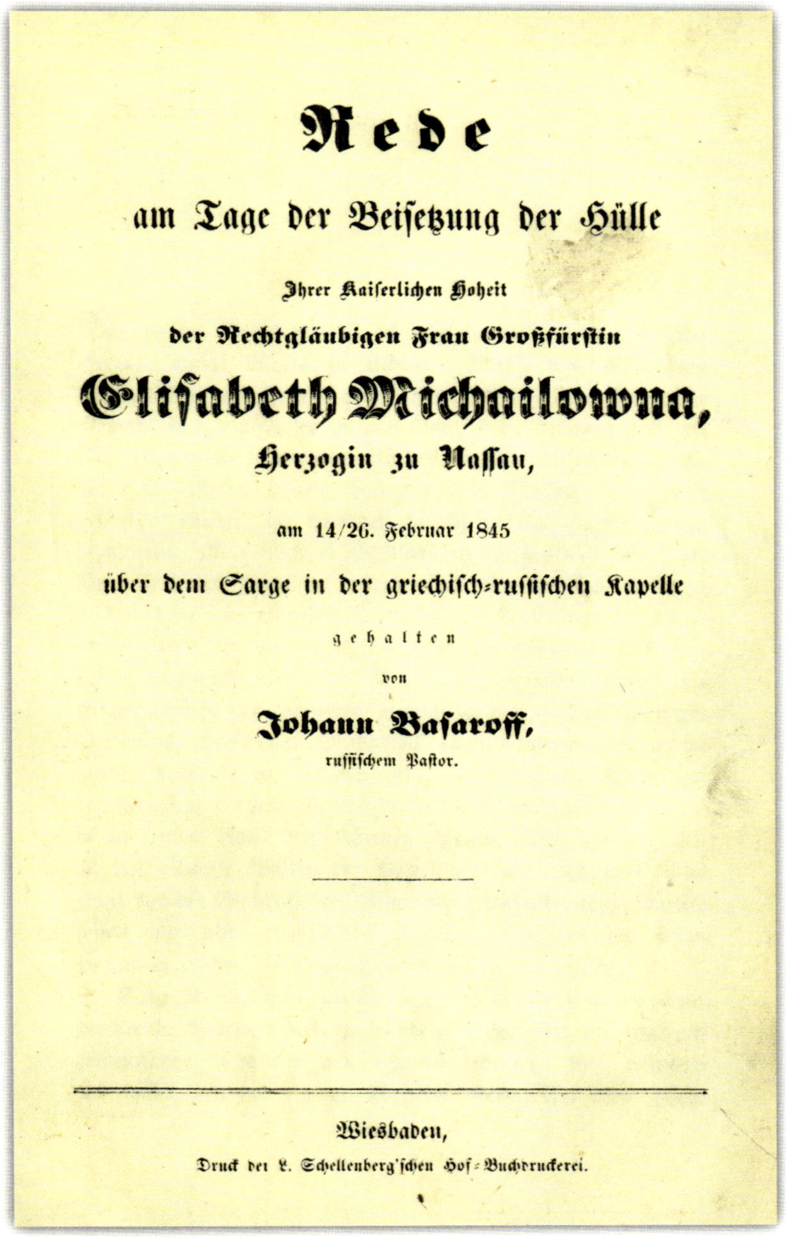

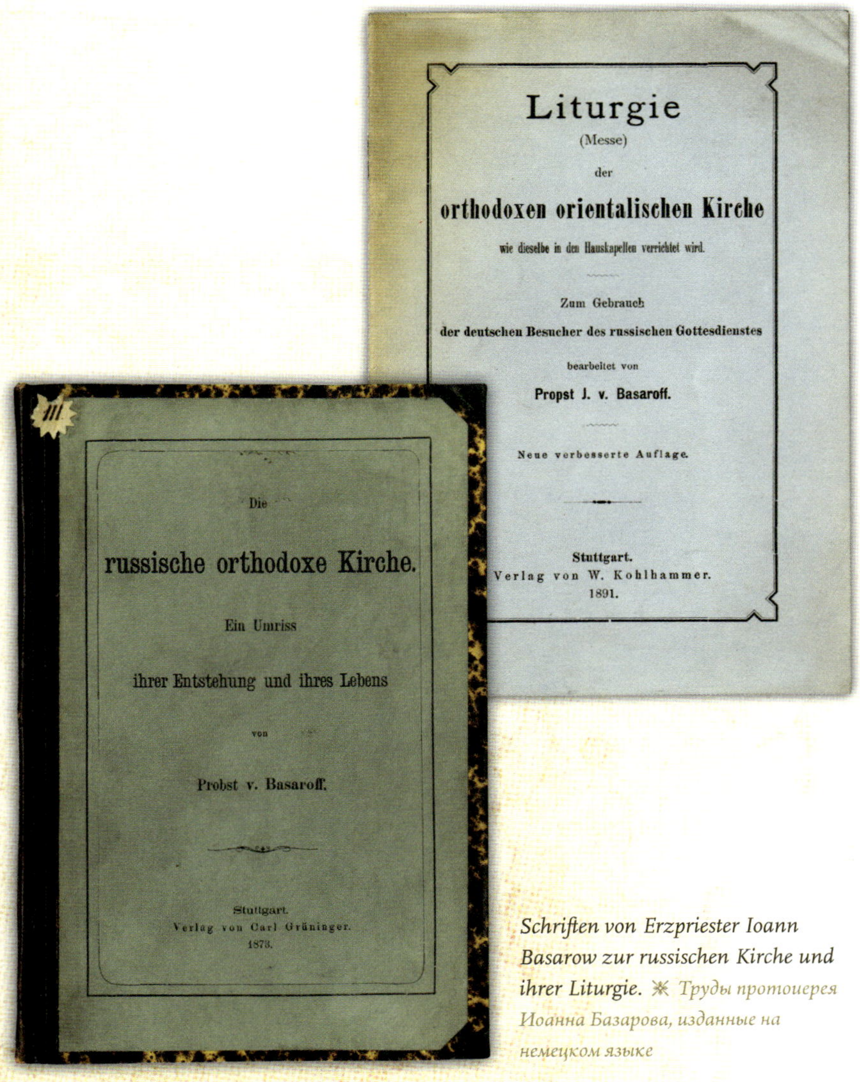

Schriften von Erzpriester Ioann Basarow zur russischen Kirche und ihrer Liturgie. ✳ *Труды протоиерея Иоанна Базарова, изданные на немецком языке*

Erzpriester Ioann Janyschew, 1826–1910. Fotografie um 1900; promovierter Theologe, bekannt durch seine theologischen Arbeiten und seine Predigttexte. Von 1851 bis 1856 und 1859 bis 1866 Hauptgeistlicher der Russischen Kirche in Wiesbaden, anschließend Rektor der Theologischen Akademie in St. Petersburg. Von 1883 an war er unter Alexander III. und dann unter Nikolaus II. der geistliche Beistand der Zarenfamilie. 1899 hat er in Anwesenheit des Zaren Nikolaus II. und der Zarin Alexandra Fedorowna die neue russisch-orthodoxe Kirche in Darmstadt geweiht. Während Janyschew in Wiesbaden weilte, bat Dostojewskij ihn um finanzielle Unterstützung, nachdem er im Wiesbadener Casino viel verspielt hatte. 1881 hat Janyschew in St. Petersburg anlässlich des Trauergottesdienstes für Dostojewskij die Abschiedspredigt gehalten.

※ Протоиерей Иоанн Янышев. 1826–1910. Фотография начала 1900-х годов. Доктор богословия, известен своими богословскими и проповедническими трудами. В 1851–1856, 1859–1866 годах настоятель церкви в Висбадене, затем – ректор Санкт-Петербургской духовной академии. С 1883 года, при Александре III и затем Николае II, состоял духовником царской семьи. В 1899 году в присутствии императора Николая II и императрицы Александры Федоровны освятил новую православную церковь в Дармштадте. В Висбадене к отцу Янышеву обращался за финансовой помощью Ф. М. Достоевский, проиграв в казино. В 1881 году отец Янышев произнес прощальную речь во время отпевания писателя в церкви Александро-Невской лавры

Die Gemeindevorsteher der Russischen Kirche in Wiesbaden trafen häufig auf durchaus diffuse Vorstellungen über das Leben in Russland. Nach Meinung des Priesters Basarow war damals Russland für Deutsche eine terra incognita, über die sie die seltsamsten Vorstellungen hatten. So fragte ihn jemand: Was ist die Trauerfarbe in Russland? Obwohl Schwarz in den übrigen europäischen Staaten die Farbe der Trauer war, konnte er sich dies bei Russland nicht vorstellen. Ein anderer Geistlicher begegnete dem großen Erstaunen eines Zuhörers über seine Predigt. Dieser ging davon aus, dass in russischen Kirchen keine Predigt gehalten würde. Derartige mangelnde Kenntnisse reichen durchaus bis in die heutige Zeit.

Die Besonderheit des pastoralen Dienstes im Ausland – das Fehlen einer ständigen Gemeinde, so dass sich häufig an Feiertagen im Winter außer dem Priester keine weitere Seele in der Kirche einfand – ermöglichte es den Geistlichen, ihre kirchlichen Pflichten mit wissenschaftlicher und literarischer Tätigkeit zu vereinbaren. Es waren gerade die Wiesbadener Gemeindevorsteher, die als Autoren in deutschen Kirchenzeitschriften Artikel über die russische Kirche publizierten. Besondere Aufmerksamkeit widmeten sie der Übersetzung historisch-religiöser Arbeiten sowie liturgischer Texte ins Deutsche und erschlossen auf diese Weise den Inhalt und den Sinn der Gottesdienstordnung. So brachten sie katholischen und lutherischen Kreisen die jahrhundertealten Traditionen des russisch-orthodoxen Glaubens näher. Anzumerken ist, dass gerade die Übersetzungen von Gebeten in der Folgezeit besondere Bedeutung erlangten, weil bei den Nachkommen der Aussiedler aus Russland die Kenntnis ihrer Muttersprache verloren ging. Geblieben ist auch eine Reihe deutschsprachiger Veröffentlichungen russischer Predigten. Umgekehrt brachten russische Geistliche, die lange Jahre in Deutschland verweilten und vor Ort die konfessionellen Gepflogenheiten erlebten, russischen Lesern die Traditionen westlicher Kirchen näher.

Abdruck des Siegels der Kirche der hl. Elisabeth in Wiesbaden auf Siegellack

※ Штемпель печати церкви Святой Елисаветы в Висбадене

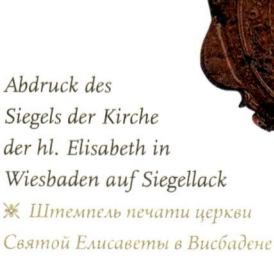

Dankesbrief von Erzpriester Protopopoff an den Bildhauer F. Leonhard vom 4. Dezember 1912 für Glückwünsche zu seinem 25. Dienstjubiläum in Wiesbaden und dem Eigentümerübergang der Kirche auf das Russiche Reich. ✹ Письмо протоиерея Протопопова скульптору Ф. Леонгарду с благодарностью за поздравления по случаю 25-летия служения в Висбадене и перехода храма на Нероберге в собственность России. 4 декабря 1912

Brief von Erzpriester Protopopoff an F. Leonhard in Eltville am Rhein vom 26. September 1908 über die Anfertigung des Grabmals für den bekannten Architekten N. Sultanow, der auf dem Friedhof in Wiesbaden begraben ist. ✹ Письмо протоиерея Протопопова скульптору Ф. Ленгарду в Эльтвиль от 26 сентября 1908 об изготовлении надгробного памятника на могиле известного архитектора Н. Султанова, похороненного на русском кладбище в Висбадене

Zu jener Zeit setzte die russische Kirche sogenannte weiße Priester im Ausland ein. Sie waren bereits vor ihrer Weihe zum Geistlichen verheiratet, im Unterschied zu schwarzen Priestern, die aus den Reihen der Mönche hervorgingen. Bis auf eine Ausnahme wurden sämtliche Priester, die ihren pastoralen Dienst an der Russischen Kirche antraten, von ihren Ehefrauen nach Wiesbaden begleitet. Diesen fiel als „Matuschka" (Mütterchen) eine gerade im Ausland nicht zu unterschätzende soziale Funktion gegenüber ihren russischen Landsleuten zu.

Die angeführte Ausnahme war Priester Arsenij Tatschaloff, der 1863 noch unverheiratet als Psalmenleser nach Wiesbaden kam. Ehe er drei Jahre später zum Priester geweiht werden sollte, um die Stelle seines Vorgängers zu übernehmen, ging er vor Ort auf Brautschau. Er verliebte sich in Luise, Tochter des Sängers David Klein an der Herzog-Nassauischen Hofoper in Wiesbaden. Da sie evangelischen Glaubens war, wechselte Luise vor der Eheschließung zum russisch-orthodoxen Glauben.

Erzpriester Sergij Protopopoff, 1851–1931. Fotografie, Wiesbaden, 1909. Verfasser theologischer Schriften, Historiker und Komponist geistlicher Musik. Ab 1878 steht er als Hauptgeistlicher der russischen Kirche in Nizza vor und von 1887 an der Russischen Kirche in Wiesbaden. Er hat den Erwerb dieser Kirche durch das Russiche Reich veranlasst, war um die Erhaltung des Friedhofs bemüht und stand in enger Verbindung mit der Bildhauerwerkstatt von Leonhard in Eltville am Rhein. Davon zeugt eine nachhaltige Korrespondenz. Im November 1914 war er wegen der Kriegsereignisse gezwungen, nach Frankreich umzusiedeln und starb in Nizza.
✹ Протоиерей Сергий Протопопов. 1851-1931. Фотография. 1909. Висбаден Духовный писатель, историк, композитор духовной музыки. С 1878 года – настоятель православной церкви в Ницце, с 1887 – в Висбадене; инициировал вопрос о выкупе висбаденского храма в собственность России. Заботясь также о состоянии кладбища, поддерживал тесную связь с мастерской Леонгардов в Эльтвилле, о чем свидетельствует сохранившаяся обширная переписка. В ноябре 1914 года вынужден был уехать во Францию, умер в Ницце

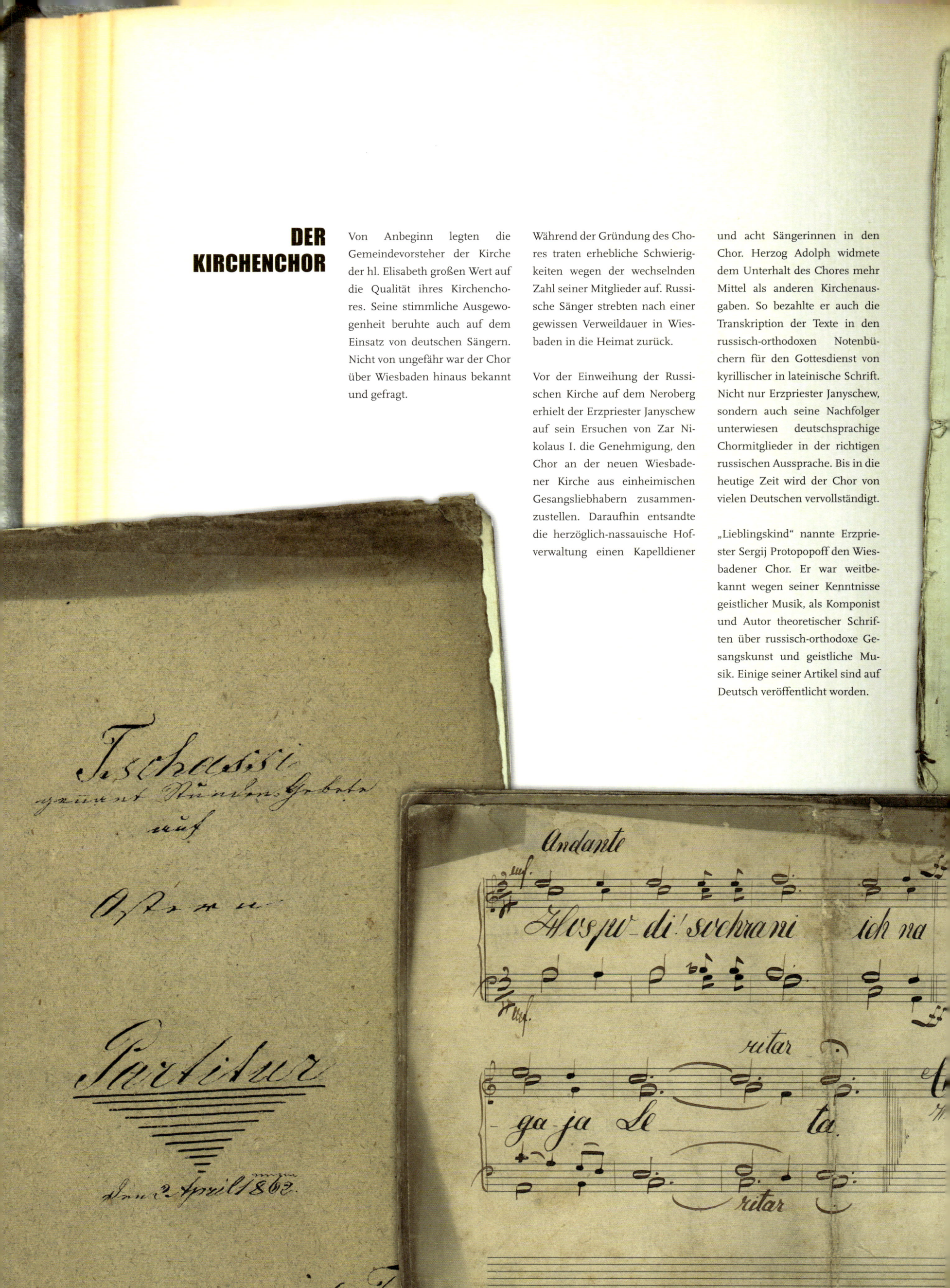

DER KIRCHENCHOR

Von Anbeginn legten die Gemeindevorsteher der Kirche der hl. Elisabeth großen Wert auf die Qualität ihres Kirchenchores. Seine stimmliche Ausgewogenheit beruhte auch auf dem Einsatz von deutschen Sängern. Nicht von ungefähr war der Chor über Wiesbaden hinaus bekannt und gefragt.

Während der Gründung des Chores traten erhebliche Schwierigkeiten wegen der wechselnden Zahl seiner Mitglieder auf. Russische Sänger strebten nach einer gewissen Verweildauer in Wiesbaden in die Heimat zurück.

Vor der Einweihung der Russischen Kirche auf dem Neroberg erhielt der Erzpriester Janyschew auf sein Ersuchen von Zar Nikolaus I. die Genehmigung, den Chor an der neuen Wiesbadener Kirche aus einheimischen Gesangsliebhabern zusammenzustellen. Daraufhin entsandte die herzöglich-nassauische Hofverwaltung einen Kapelldiener und acht Sängerinnen in den Chor. Herzog Adolph widmete dem Unterhalt des Chores mehr Mittel als anderen Kirchenausgaben. So bezahlte er auch die Transkription der Texte in den russisch-orthodoxen Notenbüchern für den Gottesdienst von kyrillischer in lateinische Schrift. Nicht nur Erzpriester Janyschew, sondern auch seine Nachfolger unterwiesen deutschsprachige Chormitglieder in der richtigen russischen Aussprache. Bis in die heutige Zeit wird der Chor von vielen Deutschen vervollständigt.

„Lieblingskind" nannte Erzpriester Sergij Protopopoff den Wiesbadener Chor. Er war weitbekannt wegen seiner Kenntnisse geistlicher Musik, als Komponist und Autor theoretischer Schriften über russisch-orthodoxe Gesangskunst und geistliche Musik. Einige seiner Artikel sind auf Deutsch veröffentlicht worden.

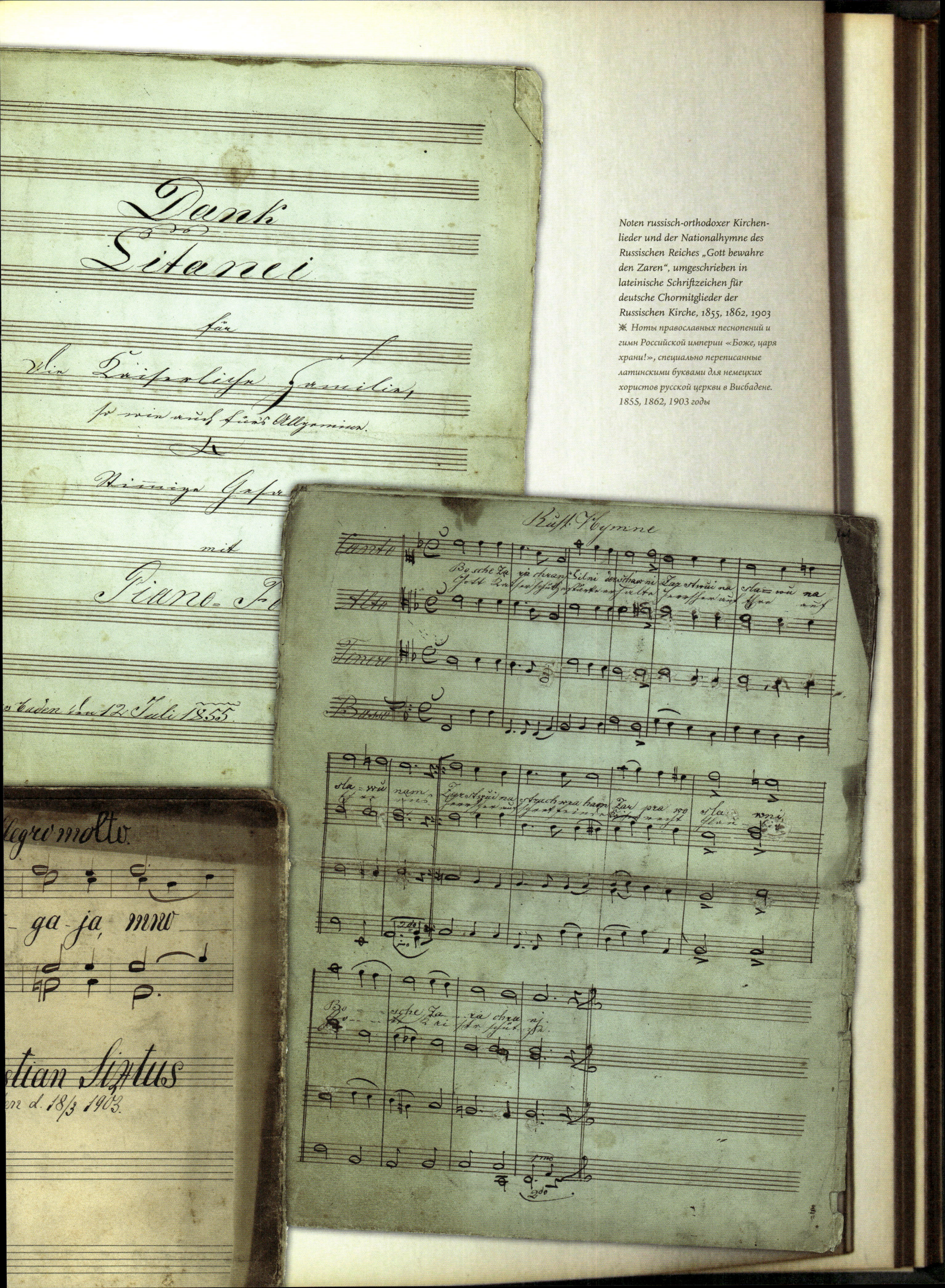

Noten russisch-orthodoxer Kirchenlieder und der Nationalhymne des Russischen Reiches „Gott bewahre den Zaren", umgeschrieben in lateinische Schriftzeichen für deutsche Chormitglieder der Russischen Kirche, 1855, 1862, 1903 ※ Ноты православных песнопений и гимн Российской империи «Боже, царя храни!», специально переписанные латинскими буквами для немецких хористов русской церкви в Висбадене. 1855, 1862, 1903 годы

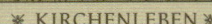

Postkarte zur Erinnerung an das Treffen der Familien des deutschen Kaisers Wilhelm II. und des Zaren Nikolaus II. 1896 in Wiesbaden ✷ *Почтовая открытка в память о встрече в Висбадене в 1896 году кайзера Вильгельма II и императора Николая II*

PASTORALE DIENSTE VOR ORT

Abgesehen von den pastoralen Pflichten in Wiesbaden gingen die Gemeindevorsteher häufig auf Reisen, um Ersuchen und Einladungen ihrer Landsleute in weiteren Kurorten und Städten ohne eine russische Kirche zu folgen. So weihte Erzpriester Tatschaloff 1876 die russischen Kirche in Bad Ems.

Viele Jahre nach seiner Abreise aus Wiesbaden, inzwischen geistlicher Beistand der Zarenfamilie, nahm Erzpriester Janyschew 1897 die Grundsteinlegung und 1899 die Einweihung der Kirche in Darmstadt vor. Beide Kirchen unterstanden zu jener Zeit dem Wiesbadener Gemeindevorsteher.

„Selten kommt es vor, dass ein Russe auf der Durchreise in Wiesbaden seine Kirche nicht besucht", hat Mitte des 19. Jahrhunderts Graf Feodor Tolstoi richtig festgestellt. Fern von der Heimat vermittelte russisch-orthodoxen Gläubigen der Besuch ihrer Kirche die gewohnte heimatliche Lebensweise und gab ihnen den so wichtigen geistlichen Halt. Häufig erteilte der Priester ihnen nicht nur Ratschläge für das tägliche Leben, sondern leistete auch materielle Hilfe. So wandte sich Fjodor Dostojewskij, als er eine erhebliche Summe im Wiesbadener Kasino verspielt hatte, mit der Bitte an Priester Janyschew ihm Geld zu leihen.

Gedenktafel (auf Deutsch und Russisch) zur Erinnerung an die Teilnahme Zar Nikolaus' II., der Zarin Alexandra Fedorowna, ihrer Schwester, der Großfürstin Elisaweta Fedorowna und ihres Ehemannes, des Großfürsten Sergij Alexandrowitsch sowie der seinerzeit vor Ort weilenden Großfürstin Alexandra Iosifowna am Gottesdienst am 18. Oktober 1896. Gewidmet und in der Russischen Kirche angebracht von der russischen Kolonie. ✷ *Памятная доска (на немецком и русском языках) была установлена в храме русской колонией в честь присутствии на литургии 18 октября 1896 года императора Николая II, императрицы Александры Федоровны, ее сестры великой княгини Елизаветы Федоровны с супругом великим князем Сергеем Александровичем и находившейся на курорте великой княгини Александры Иосифовны*

Prinz Nikolaus von Nassau mit seinen Kindern aus der Ehe mit Gräfin Natalija von Merenberg, Georg Nikolaus, Sophie (neben dem Vater) und Adda-Alexandra (ganz links), den Töchtern der Gräfin Merenberg aus erster Ehe, Natalija und Anna Dubelt (zweite und dritte von links), Fotografie, Wiesbaden um 1870 ✷ *Принц Николаус фон Нассау с детьми от брака с графиней Наталией Меренберг - Аддой-Александрой (крайняя слева), Георгом-Николаусом, Софией (стоит рядом с отцом) и дочерьми графини Меренберг от первого брака Наталией и Анной Дубельт (вторая и третья слева). Фотография. 1870-е. Висбаден*

Gräfin Natalija von Merenberg, Fotografie, Wiesbaden um 1870 ✷ *Графиня Наталия Меренберг, младшая дочь А. Пушкина, супруга принца Николауса фон Нассау Фотография. 1870-е. Висбаден*

PROMINENTE RUSSISCHE KIRCHENBESUCHER

Aus dem Kreis der Landsleute, die die Priester in Wiesbaden tauften, vermählten, beerdigten und ihnen als Beichtvater dienten, stechen bekannte Namen hervor. Sie hielten sich in Wiesbaden als Kurgäste oder Reisende auf. Einige wenige lebten hier ständig. So über vierzig Jahre lang Natalija, die Tochter des großen russischen Dichters Alexander Puschkin. Sie hat 1867 den Prinzen Nikolaus von Nassau, den jüngsten Bruder Herzog Adolphs, geehelicht. Wegen der morganatischen Ehe war sie nicht berechtigt, den Familiennamen ihres Ehemannes anzunehmen. Deshalb wurde ihr der Titel Gräfin von Merenberg verliehen. Ihre Urne ist auf dem Alten Friedhof in Wiesbaden in der Familiengruft ihres Gemahls beigesetzt.

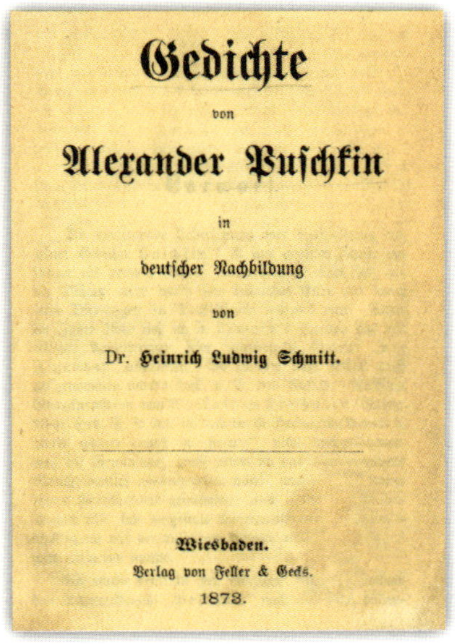

Der Arzt W. B. Bertenson berichtete: Weder die jahrzehntelange Abwesenheit aus Russland noch der ständige Aufenthalt in Wiesbaden haben die Tochter Puschkins zu einer Ausländerin gemacht. Diese Feststellung kann man auch auf zahlreiche Personen der aristokratischen Emigration übertragen, die später in Folge der russischen Revolution von 1917 nach Frankreich, Deutschland oder in andere Länder geflüchtet waren.

Die erste Niederschrift im Geburtenbuch der Wiesbadener Hauskirche bezeugt die im Januar 1845 in Frankfurt am Main vollzogene Taufe von Kindern berühmter Eltern: Alexandra, Urenkelin des großen Heerführers der Kriege gegen die Türkei und Napoleon I., A. W. Suworow, Pavel, der Sohn des bekannten Dichters Wasilij Zhukowskij. Zu den weiteren herausragenden Persönlichkeiten, die in der Russischen Kirche in Wiesbaden getauft wurden, zählen die 1870 geborene Malerin Maria Jakuntschikowa, die im Oktober 1899 getaufte Natalja Kotschubeij, Tochter des Fürsten Kotschubeij und viele andere.

Vermählt haben sich hier Persönlichkeiten mit solch klangvollen Namen wie der bedeutende Diplomat Nikolai Ignatiew mit Fürstin Jekaterina Golizyna, Urenkelin des Feldmarschalls Kutusow, der bekannte Maler Alexej Bogoljubow mit Nadezda Netschaijewa und weitere Personen der Zeitgeschichte.

Die elegante Russische Kirche in dem beliebten, blühenden Kurort Wiesbaden hatte eine große Anziehungskraft auf die Aristokratie und Führungskreise in Russland. Es verwundert nicht, dass hier der Grundstein für viele bedeutende russische Familien gelegt wurde.

Übersetzung der Gedichte von A. Puschkin ins Deutsche, Ausgabe Wiesbaden 1873 ✷ *Перевод стихотворений А. Пушкина на немецкий язык. Издание вышло в Висбадене в 1873 году*

Dostojewskij-Denkmal im Kurpark von Wiesbaden ✷ *Памятник Ф. Достоевскому в Курортном парке Висбадена*

ZEITENWENDE

Eine schwerwiegende Veränderung in den Verhältnissen der Russischen Kirche in Wiesbaden trat Anfang des 20. Jahrhunderts ein. 1890 wurde Herzog Adolph Thronfolger des Großherzogtums von Luxemburg. Mit seinem Tod 1905 versiegte die Finanzierung des Chors, der Unterhalt des zur Kirche gehörenden Wächterhauses und der Wohnung für den Gemeindevorsteher. Aus Luxemburg erging das Verbot, in der Wiesbadener Kirche die Totenmesse zu lesen. In jener Zeit mussten der Gemeindevorsteher und seine Gemeindemitglieder bei Besuchen der Kirche außerhalb von Gottesdiensten sogar Eintritt zahlen.

An dieser Stelle sei darauf hingewiesen, dass die russisch-orthodoxen Geistlichen im Ausland der Heiligsten Synode als höchste Instanz und dem Metropolit von St. Petersburg unterstanden. Ihren Unterhalt bestritt jedoch das Russische Ministerium für auswärtige Angelegenheiten, wobei die Gemeindevorsteher im Ausland erheblich höher als im Inland vergütet wurden.

Der tatkräftige Erzpriester Sergij Protopopoff wandte sich aus Sorge um seine russische Gemeinde mit dem Ersuchen nach St. Petersburg, die Wiesbadener Grabkirche in russisches Eigentum zu überführen. Es kam zu langwierigen Verhandlungen, die dazu führten, dass 1912 gegen Zahlung von 414.000 Goldmark aus der Vermögensmasse des Ministeriums des Kaiserlichen Hofes das Eigentum an der Russischen Kirche in Wiesbaden nebst dem Wächterhaus und dem dazugehörigen Grundareal auf den russischen Staat überging.

Als mit Beginn des Ersten Weltkrieges die deutsche Staatsmacht Gottesdienste in der Kirche der hl. Elisabeth verbot, wurde Erzpriester Sergij Protopopoff am 1. November 1914 aus Wiesbaden ausgewiesen und reiste nach einem kurzen Aufenthalt in Bad Homburg nach Frankreich aus.

Neuer Abschnitt: Erste Emigrationswelle

Ein neuer Abschnitt der Geschichte der Russischen Kirche in Wiesbaden beginnt Anfang des 20. Jahrhunderts. Als Folge der Revolution und des Bürgerkrieges kam es zu einer grossen Emigrationswelle aus Russland nach Westeuropa, die sogenannte erste Emigration. Aus den Flüchtlingen formierte sich die Vereinigung russischer Bürger in Wiesbaden. Damit entstand erstmalig in der Geschichte dieser Kirche eine ständige russisch-orthodoxe Gemeinde. Ihre Mitglieder waren nicht mehr wohlhabende Aristokraten auf Kur, sondern verarmte Flüchtlinge aus allen Schichten. Die Russische Kirche in Wiesbaden und der dazugehörige Friedhof bildeten für sie eine Insel der verlorenen Heimat.

Chor der Russischen Kirche nach dem Pfingstgottesdienst in Wiesbaden, Fotografie, 1923 ✳ *Хор церкви Святой Елисаветы после службы в День Святой Троицы. Фотография. 1923. Висбаден*

Erzpriester Pawel Adamantoff (Bildmitte) mit Gemeindemitgliedern in Wiesbaden um 1950, Fotografie ✷ Протоиерей Павел Адамантов (в центре) с прихожанами храма. Фотография. 1950-е. Висбаден

ERZPRIESTER ADAMANTOFF

Im Jahr 1921 wurde Pawel Adamantoff als Erzpriester an der russisch-orthodoxen Kirche der hl. Elisabeth eingesetzt. Er versah hier bereits seit 1908 den Dienst als Diakon. Hätte es nicht die Umwälzungen von 1917 gegeben, wäre seine Karriere ähnlich verlaufen, wie bei seinen Vorgängern. Er stammte aus einer generationsübergreifenden Priesterfamilie und genoss eine ausgezeichnete Ausbildung. Im Jahr 1896 wurde er als Psalmenleser nach Dresden in die Kirche des hl. Simeon gesandt und dort im nächsten Jahr zum Diakon geweiht. In der ersten Zeit war es schwer, ohne Sprachkenntnisse, mutterseelenallein in einem fremden Land ... gab Adamantoff in seinen Erinnerungen wieder. Unmittelbar vor Beginn des Zweiten Weltkrieges reiste er mit seiner Familie nach England in den Urlaub. Die Mutter seiner Ehefrau Maria, geborene Baronin Mey von Waldenburg, war Engländerin. Die Familie Waldenburg stammte von unehelichen Nachkommen des Prinzen August von Preußen ab.

Wegen des Krieges konnte Adamantoff erst nach dessen Beendigung in einer schwierigen Zeit nach Wiesbaden in sein früheres Priesteramt zurückkehren. Gelegen kam in dieser Lage, dass Mitglieder der Zarenfamilie, insbesondere Kyrill Romanov, Vetter von Zar Nikolaus II., Adamantoff gewogen waren. Nach der Ermordung der Zarenfamilie 1918 hat sich dieser 1924 zum Kaiser Kyrill I. von Russland proklamiert. Später hielt Adamantoff den Trauergottesdienst für dessen Gemahlin und begleitete die Überführung der Gebeine Kyrills von Paris in die Grabkirche des Herzogs von Sachsen-Coburg-Gotha. 1938 traute er Kyrills Tochter Kyra mit Prinz Louis Ferdinand von Preußen. Daraus wird ersichtlich, dass Erzpriester Adamantoff in höchsten deutschen Kreisen verkehrte und dort bekannt war.

In Wiesbaden hat Pawel Adamantoff als Geistlicher 40 Jahre verbracht, der Russischen Kirche stand er als Gemeindevorsteher 25 Jahre vor. Er verstarb 1960, ein Jahr vor Vollendung seines 90. Geburtstages. Er erreichte vor Ort einen hohen Bekanntheitsgrad und wurde geradezu zur Sehenswürdigkeit. Zum 60-jährigen Jubiläum seines Aufenthaltes in Deutschland (Dresden und Wiesbaden) schrieb eine Wiesbadener Zeitung: Russlands Herz schlägt auf dem Neroberg.

Große Hilfe für die aus Russland geflüchteten Landsleute leistete eine Fürsorge-Vereinigung an der Russischen Kirche. Sie hatte sich aus mehr als 250 Mitgliedern gebildet, mit so klangvollen Namen wie Gräfin Woronzowa-Daschkowa, Gräfin von Merenberg, Fürstin und Fürst Gagarin, Fürstin und Fürst Barjatinskij, Baronin von der Pahlen, Andreas Jawlensky, der Sohn des Malers, und viele andere. Hilfe erhielten arbeitsunfähige Alleinstehende, Waisenkinder und sonstige Hilfsbedürftige.

Als Folge der wirtschaftlichen Krise und der politischen Veränderungen in Deutschland verließen Ende der zwanziger, Anfang der dreißiger Jahre viele Emigranten der ersten Welle Deutschland. Die Gemeinde der russischen Kirche in Wiesbaden schrumpfte zusehends.

Zweite Emigrationswelle

Nach Beendigung des Zweiten Weltkrieges 1945 erweiterte sich infolge der sogenannten zweiten Emigrationswelle die Gemeinde merklich. Sie wurde vorwiegend aus Personen gebildet, die als DP (Displaced Persons) bezeichnet wurden und sich in hierfür von der amerikanischen Besatzungsmacht geschaffenen Lagern aufhielten. Viele von ihnen waren frühere sogenannte Ostarbeiter, von der deutschen Besatzungsmacht aus der UdSSR nach Deutschland verschleppt, Kriegsgefangene und Russen, die vor dem Stalin-Terror geflohen waren.

Auch Emigranten der ersten Welle zählen zu diesem Kreis. Sie waren in die nach der Revolution in Russland entstandenen Baltischen Staaten, auf den Balkan und nach Zentral- und Osteuropa geflohen und wichen am Ende des Zweiten Weltkrieges vor der heranrückenden sowjetischen Armee nach Deutschland zurück. Darunter befanden sich auch russisch-orthodoxe Priester und Bischöfe. Sie alle verband wegen der stalinistischen Repressalien in der Sowjetunion die Angst vor der Rückkehr in die Heimat.

NEUBEGINN MIT BISCHOF FILOFEJ

Der Neubeginn der Russischen Kirche nach dem Zweiten Weltkrieg ist eng verbunden mit der Übernahme der Führung der Russischen Kirche und der russisch-orthodoxen Diözese in Hessen durch den Erzbischof Filofej (mit bürgerlichem Namen Wladimir Narko, weißrussischer Herkunft). Vater Adamantoff diente mit seinen 75 Jahren weiter als Geistlicher, jedoch nicht mehr als Gemeindevorsteher.

Nach Abschluss seines Theologiestudiums an der Warschauer Universität trat Narko mit 23 Jahren in ein Kloster ein. Eine Zeitlang unterrichtete er im Warschauer geistlichen Seminar, wurde 1934 zum Erzpriester und 1941 zum Bischof geweiht. Er hatte einen großen Bekanntheitsgrad in Polen, in Minsk und in Wolhynien. Während des Zweiten Weltkrieges führte er zunächst die Mogilower und dann die Minsker Diözesen, von 1942 bis 1943 unterstand ihm die selbständige weißrussische Kirche. 1944 flüchtete er von Minsk nach Deutschland, wo er zusammen mit weiteren weißrussischen Geistlichen Mitglied des Klerus der russisch-orthodoxen Auslandkirche wurde.

Mit Beginn seiner Tätigkeit erfuhr die inzwischen durch Flüchtlinge erheblich angewachsene Gemeinde der Russischen Kirche einen enormen Aufschwung. Im Unterschied zu seinen Vorgängern hatte Filofej den Rang eines Bischofs und gehörte zum höchsten geistlichen Kreis, der aus dem russischen Mönchtum hervorging. In seiner Eigenschaft als Bischof zelebrierte er Gottesdienste, die sich durch Glanz und Feierlichkeit von den früheren abhoben.

Bischof Filofej hatte eine besondere Ausstrahlung. Er war ein hervorragender Prediger, der seinen pastoralen Pflichten in vorbildlicher Weise nachkam. Seine Sorge galt Menschen, die ihn um Rat fragten. Er nahm sich stets Zeit für Jugendliche und Kinder, die er in die russisch-orthodoxe Religion einführte. Er genoss sowohl beim Klerus als auch bei den Gläubigen hohes Ansehen.

Osterprozession in Wiesbaden, angeführt von Bischof Filofej (Bildmitte), Fotografie P. Stokowskij 1950 ※ Крестный ход в День Пасхи. В центре Владыка Филофей. Фотография П. Стоковского. Висбаден. 1950

Darüber hinaus widmete er seine Aufmerksamkeit vielen verschiedenen Aspekten des Gemeindelebens. So förderte er die Gründung des russischen Komitees für die Hilfe von Emigranten, die Durchführung von Weihnachtsfeiern mit Kinderbescherung und einem gehaltvollen Konzertprogramm sowie russische Kulturtage und Vortragsreihen.

Der Höhenflug des Gemeindelebens der Russischen Kirche hielt bis zur Abberufung von Bischof Filofej nach Hamburg im Jahre 1953 an. Dort übernahm er die Führung der Nordwestlichen Diözese in Deutschland. 1971 wurde er zum Erzbischof der russisch-orthodoxen Auslandskirche in Berlin und Deutschland ernannt und vom Bundespräsidenten mit dem Verdienstkreuz Erster Klasse für seine intensiven Bemühungen um die Zusammenarbeit christlicher Kirchen ausgezeichnet. Die evangelische und katholische Kirche haben ihn als ökumenischen Brückenbauer gewürdigt.

Bischof Filofej, Erzpriester Adamantoff, Klerus und Gemeindemitglieder an Pfingsten, Fotografie 1947 ❋ *Владыка Филофей, протоиерей Павел Адамантов, причт и прихожане висбаденского храма в День Святой Троицы. Фотография. 1947*

CHORLEITERIN LARISSA SCHESTAKOWA

Der bestehende kleine Chor der Kirche der hl. Elisabeth musste für die Gottesdienste von Bischof Filofej dem neuen Niveau angepasst werden. Dies ist durch die neue Chorleiterin Larissa Schestakowa in vorbildlicher Weise geschehen. Mit einer guten Stimme ausgestattet, war sie eine hervorragende Kennerin der russisch-orthodoxen Kirchenmusik. Ihre Familie gehörte bereits in Minsk der Umgebung von Bischof Filofej an. Als Tochter des Minsker Chorleiters P. Semjenow übernahm sie nicht von ungefähr die entsprechende Stellung in Wiesbaden.

Larissa Schestakowa gründete und leitete noch weitere Chöre in den russischen Kirchen in Frankfurt am Main und Köln. Zu Recht hieß es von ihr, sie sei die beste und erfahrenste Chordirigentin in der deutschen Diözese der russischen-orthodoxen Auslandskirche. Ihr Chor folgte Einladungen in viele deutsche Städte, um russische geistliche und volkstümliche Musik vorzutragen. Ihre langjährige schöpferische Tätigkeit hat nachhaltig auf den Erhalt und die Popularisierung der russischen Kultur im Ausland gewirkt.

Der feierliche bischöfliche Gottesdienst in der Russischen Kirche lockte eine Vielzahl russisch-orthodoxer Gläubiger nicht nur aus Wiesbaden, sondern auch aus dem Umland und entfernteren Gebieten an. So auch deutsche Kreise aus nah und fern, die durch Bischof Filofej erstmals mit diesem glanzvollen Gottesdienst der russisch-orthodoxen Kirche in Berührung kamen und ihn kennenlernten.

Auftritt des Chors der Russischen Kirche in der Rolle als Zigeuner anläßlich der Aufführung des Stücks von L. Tolstoi „Lebendiger Leichnam" im Staatstheater in Wiesbaden; Dritte von links Chorleiterin L. Schestakowa, Fotografie, Ende der 1940er Jahre ❋ *В спектакле по пьесе Л. Толстого «Живой труп» на сцене висбаденского театра роли цыган пригласили исполнить хористов русской церкви. Третья слева – регент хора Л. Шестакова. Фотография конца 1940-х*

Bischof Filofej umringt von Chormitgliedern, rechts von ihm Opernsängerin W. Heydock und neben ihr die Chorleiterin L. Schestakowa, Fotografie, Ende der 1940er Jahre ❋ *Владыка Филофей в окружении церковного хора; справа от него - оперная певица В. Хайдок, рядом с ней регент Л. Шестакова. Фотография конца 1940-х*

VERDIENTE KIRCHENÄLTESTE

Bei der Erwähnung führender russischer Persönlichkeiten der russischen Gemeinde jener Zeit dürfen verdiente Kirchenälteste nicht ungenannt bleiben. Für die Periode nach Ende des Zweiten Weltkrieges sei Fürst Nikolai Wolkonskij angeführt. Seine Familie gehörte zur russischen Hocharistokratie. Sein Nachfolger, Nazary Ryschikoff, Sohn eines Kaufmanns aus der Stadt Tscherkassy des Kiewer Gouvernements, stammte aus einer ganz anderen Schicht. Während des Ersten Weltkrieges geriet er in Gefangenschaft, kehrte nach Hause zurück und flüchtete im Jahr 1920 nach Deutschland, um den Schrecken des russischen Bürgerkrieges zu entkommen. In Sachsen arbeitete er als Stallknecht, in Wiesbaden zunächst als Hilfskoch und später in einer chemischen Fabrik. Als aktives Mitglied der russischen Gemeinde wurde er 1951 zum Kirchenältesten gewählt.

Ihm folgte zehn Jahre später Nikolai Stuloff, Professor für Mathematik an der Universität Mainz. Er musste 1919 mit seinen Eltern und Geschwistern als Vierjähriger emigrieren, legte das Abitur in Berlin ab und studierte dort an der Technischen Universität.

Er lehrte zunächst an der Münchener und anschließend mehr als zwanzig Jahre an der Mainzer Universität. Danach hielt er bis zur Vollendung seines 80. Geburtstages Vorträge über solch anregende Themen wie Goethe und die Mathematik, die Scharen von Zuhörern besuchten. In der Emigration bewahrte die Familie Stuloff die russische Sprache, russische Traditionen und insbesondere das Bekenntnis zum russisch-orthodoxen Glauben.
Die Leitung der russisch-orthodoxen Auslandskirche stellte anläßlich der Verleihung von fünf Ehrenurkunden fest, dass Nikolai Stuloff eifrig am Leben der Kirchen in der deutschen Diözese teilnahm. Professor Stuloff starb 2006 als einer der letzten Emigranten der ersten Welle und ist auf dem Russischen Friedhof beigesetzt.

Auszeichnungsurkunde der Erzbischöflichen Synode der russisch-orthodoxen Auslandskirche, für Prof. N.N.Stuloff, verliehen 1999.
※ *Грамота Архиерейского Синода Русской православной церкви за границей, врученная Н.Н.Стулову в 1999 году*

Erzpriester Dmitrij (Graf Ignatiew), Gemeindevorstand der russischen Kirchen in Frankfurt am Main und Bad Homburg (rechts), sowie Prof. N. Stuloff, Fotografie 1999
※ *Протоиерей Дмитрий (граф Игнатьев), настоятель русских храмов во Франкфурте-на-Майне и Бад-Гомбурге и профессор Н. Стулов (1914–2006), многолетний церковный староста, один из последних проживавших в Висбадене эмигрантов первой волны. Фотография. 1999*

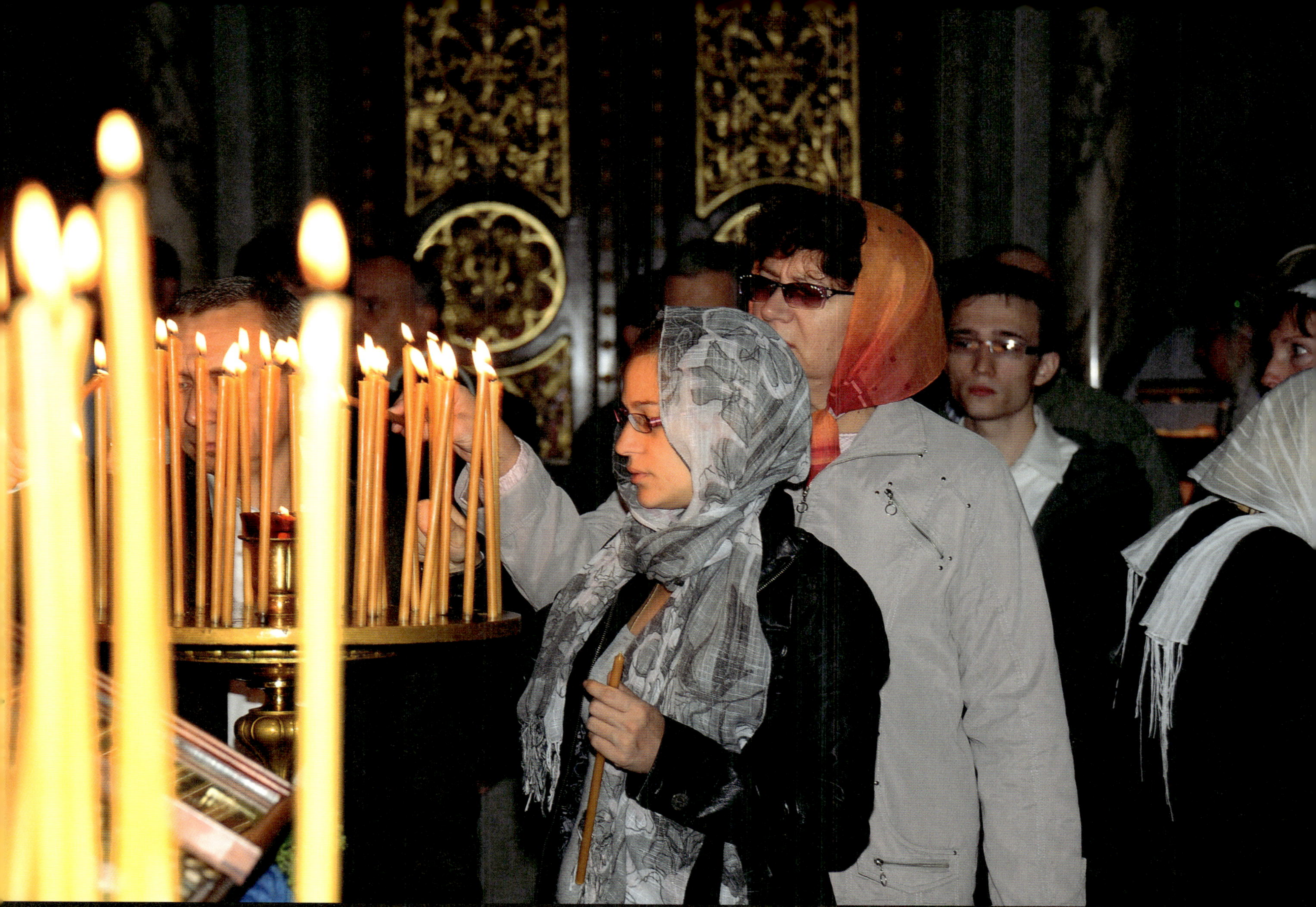

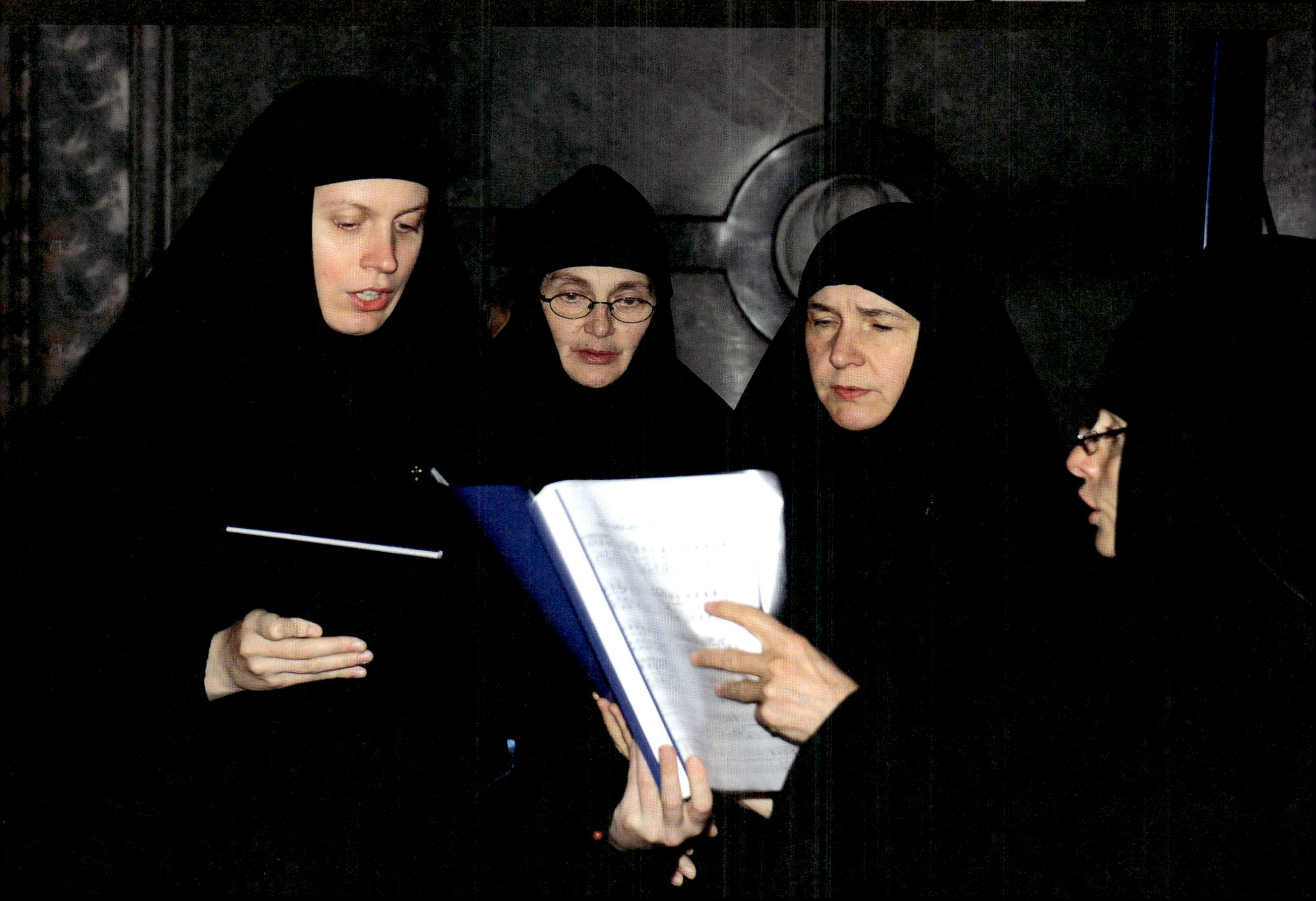

ERZBISCHOF MARK

In der Russischen Kirche auf dem Neroberg haben viele herausragende Geistliche der russisch-orthodoxen Auslandskirche in Deutschland ihren pastoralen Dienst ausgeübt. So stand auch über viele Jahre Erzbischof Mark, Erzbischof von Berlin und Deutschland, hier der Gemeinde vor. Geboren 1941 als Michael Arndt in Sachsen, bekleidet er als Deutscher das höchste Amt der russisch-orthodoxen Kirche von Berlin und Deutschland.

Das Erlernen der russischen Sprache am Gymnasium, der slawischen Philologie und Literatur an den Universitäten in Frankfurt am Main und in Heidelberg haben seinen späteren Weg vorgezeichnet. Über die Kontaktpflege mit jungen Menschen aus Emigrantenkreisen kam er mit dem russisch-orthodoxen Glauben in Berührung und trat 1964 zu ihm über. 1973 durchlief er Kurse an der religionswissenschaftlichen Fakultät in Belgrad. Nachdem er 1975 Mönch geworden war, wurde er als Stellvertreter des Gemeindevorstehers der Russischen Kirche in Wiesbaden eingesetzt.

✳ KIRCHENLEBEN ✳

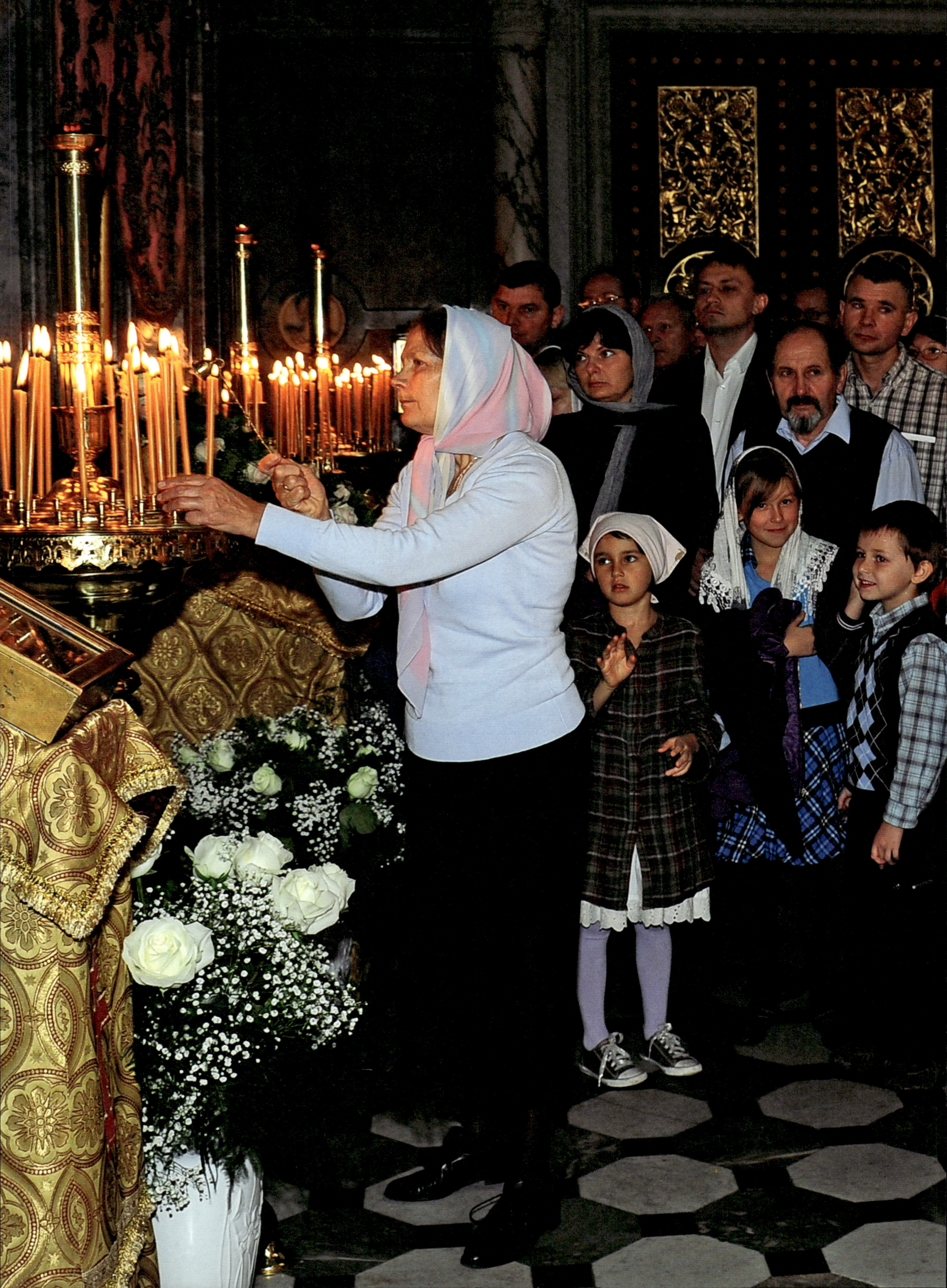

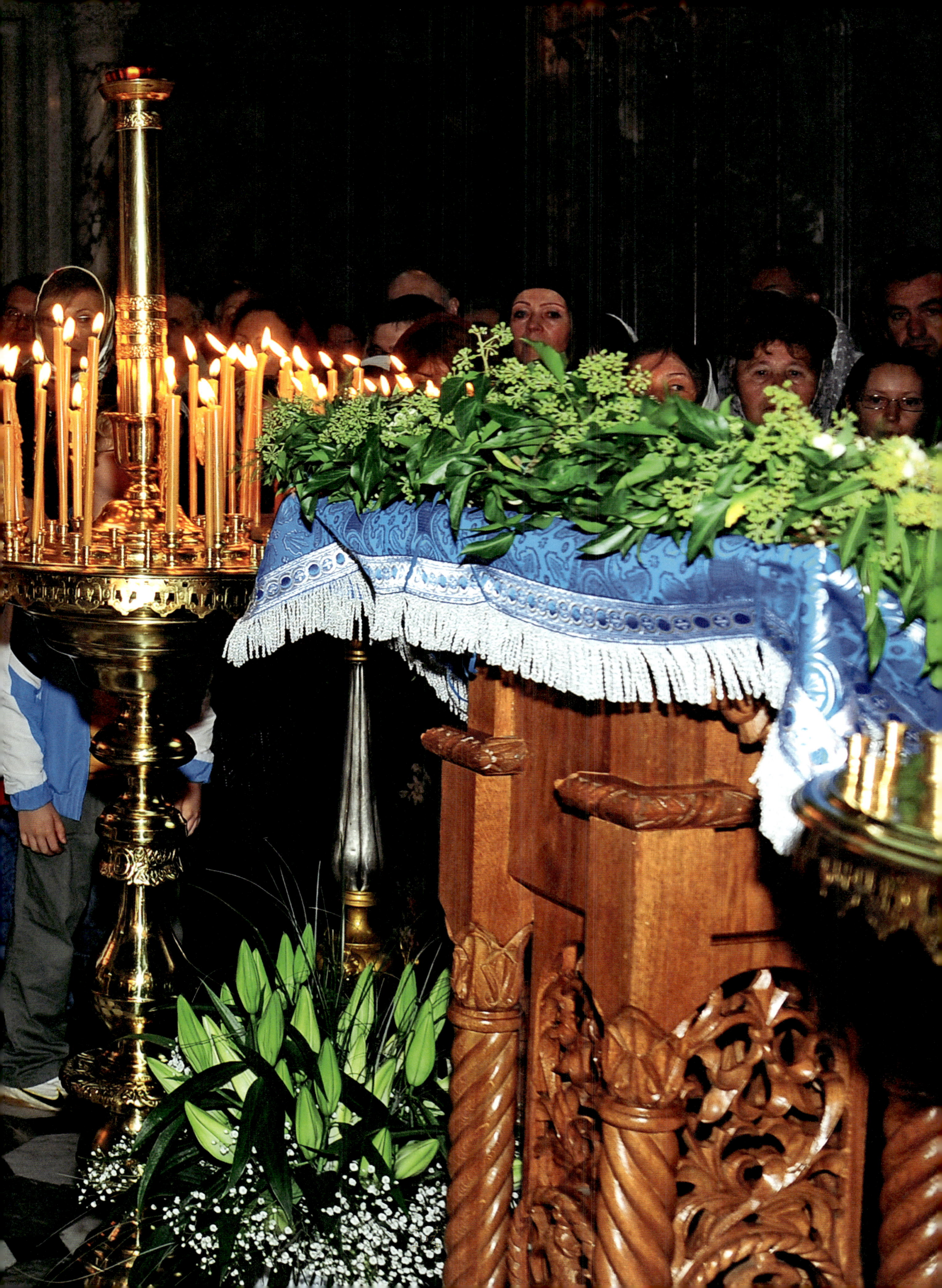

※ KIRCHENLEBEN ※

Erzpriester Alexander Zaitsev
※ Священник Александр Зайцев

Im Jahr 1976 zum Erzpriester ernannt, stand Erzbischof Mark drei Gemeinden vor: in Wiesbaden, in Darmstadt und in Saarbrücken. Gleichzeitig bemühte er sich, den russischen Friedhof in Wiesbaden aufrechtzuerhalten und zu erweitern sowie die übrigen russischen Kirchen in Deutschland instand zu halten. Nach seiner Weihe 1980 zum Bischof und seit der Übernahme der Leitung der Südwestlichen Diözese und der Stadt München (Sitz der russisch-orthodoxen Auslandskirche in Deutschland) lebt er im Kloster des Hl. Hiob von Pocaev in München. Dort ist durch ihn ein Verlag entstanden, in dem in russischer und deutscher Sprache geistliche Literatur, darunter auch Der Bote für russisch-orthodoxe Gläubige herausgegeben wird.

Nach dem Ableben von Erzbischof Filofej 1982 wurde Bischof Mark zum Erzbischof ernannt und führt seither die russisch-orthodoxe Auslandskirche von Berlin und Deutschland. Bei der geistlichen Wiedervereinigung der russisch-orthodoxen Auslandskirche mit dem religiösen Zentrum der Orthodoxie, dem Moskauer Patriarchat im Jahr 2007, war er ein gewichtiges Mitglied und entscheidender Leiter der Verhandlungskommission der Auslandskirche.

In Wiesbaden zelebriert Erzbischof Mark nach wie vor an hohen kirchlichen Feiertagen Festgottesdienste gemeinsam mit Priester Alexander Zaitsev, der seit dem Jahr 2000 hier den pastoralen Dienst ausübt und mit seiner Familie im ursprünglichen Wächterhaus neben der Russischen Kirche wohnt.

❋ KIRCHENLEBEN ❋

⚱ *Taufe eines Säuglings*
❋ *Крещение младенца*

↤ *Lija Zaitsev, Gattin des Erzpriesters, beim Unterricht der Sonntagsschule in der Kirche* ❋ *Матушка Лия Зайцева ведет занятия для детей в воскресной школе*

KIRCHENLEBEN

DIE WURZELIKONE VON KURSK

Edgar Heydock

Am 17. September 2011 feierte die russisch-orthodoxe Gemeinde von Wiesbaden in der Kirche auf dem Neroberg ein Fest zu Ehren der Muttergottes-Ikone von Kursk, die den Beinamen „von der Wurzel" trägt. Am Folgetag, unter der Teilnahme vieler Gläubiger aus ganz Deutschland, zelebrierte Erzbischof Mark gemeinsam mit hohen geistlichen Würdenträgern den Festgottesdienst, in dessen Mittelpunkt die aus New York gebrachte Ikone stand.

Die „Wurzelikone von Kursk", die von den Gläubigen als wundertätig verehrt wird, gilt als die Hauptikone der russisch-orthodoxen Auslandskirche. Ihre ungewöhnliche Geschichte ist mit der wechselvollen Geschichte Russlands eng verbunden.

Die Ikone stammt aus dem 13. Jahrhundert, aus der Zeit, in der Russland unter der Bedrohung durch die Tataren litt. Diese Epoche war geprägt von Gewalt, Blutvergießen und Gefangenschaft. Die im 9. Jahrhundert entstandene Stadt Kursk, die zu den ältesten Städten der Süd-Rus gehörte, war am Ende des 13. Jahrhunderts völlig zerstört und vom Wald überwuchert, in dem die überlebenden Bewohner Schutz vor der Verfolgung durch die Tataren fanden. Die Legende berichtet, dass in dieser kritischen Situation und im Augenblick der höchsten Not ein Jäger die Ikone im Wurzelwerk eines großen Baumes fand. Schon bald darauf wurden die Tataren besiegt und in der Folge aus Russland vertrieben. Die Befreiung von den Schrecken des Krieges wurde der Gnade der Muttergottes und ihrer „Wurzelikone von Kursk" zugeschrieben. Auch bei späteren nationalen Krisen führte die Anrufung der Muttergottes zur Errettung aus höchster Not, was als Wunder verstanden wurde und die Wundertätigkeit der Ikone bestätigte.

Nach den Wirren der Revolution von 1917 verließ Bischof Feofan Russland im Jahre 1920 und nahm die Ikone mit in die Emigration. Nach Zwischenstationen u. a. in Griechenland und Serbien fand die Ikone ihren endgültigen Platz in der Hauptkirche der erzbischöflichen Synode von New York.

КУРСКАЯ-КОРЕННАЯ ИКОНА БОЖЬЕЙ МАТЕРИ «ЗНАМЕНИЕ»

Эдгар Хайдок

17 сентября 2011 года православная община Висбадена совершила крестный ход в честь иконы Курской Богоматери, которая была привезена из Нью-Йорка. На следующий день, в престольный праздник церкви Святой Елисаветы, торжественное богослужение возглавил правящий архиерей - архиепископ Берлинско-Германский и Великобританский Марк, ему сослужили высокие духовные лица. Присутствовали гости из многих православных приходов, находящихся на территории Германии.

История обретения одной из древнейших русских святынь восходит к концу XIII века, когда ее по преданию обнаружил охотник у корня дерева (этим обстоятельством объясняется название иконы).

Эта чудотворная икона особо почитаема в русской эмиграции, ее называют Одигитрией (Путеводительницей) Русского зарубежья.

В 1920 году, покидая страну во время Гражданской войны, епископ Курский Феофан вывез святыню из России. Недолгое время она была в Греции, потом в Сербии, в конце Второй мировой войны ее перевезли в Германию. В 1951 году из Мюнхена Курская-Коренная икона прибыла в Нью-Йорк и сохраняется в посвященном ей Знаменском соборе при Архиерейском Синоде Русской Православной церкви заграницей.

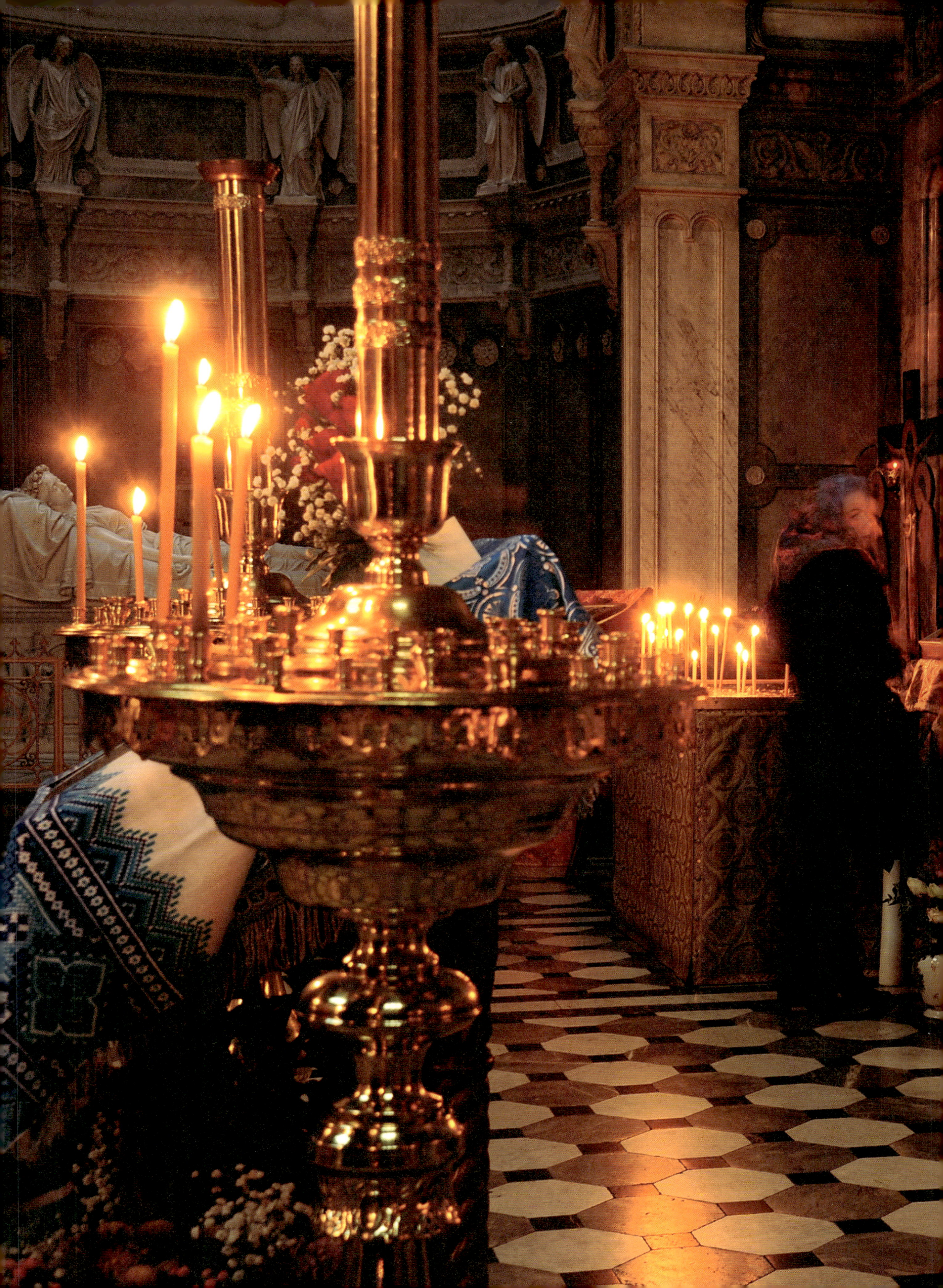

FAZIT

Der jeweilige Zustand der russischen Gemeinde auf dem Neroberg spiegelt die Entwicklung der deutsch-russischen Beziehungen seit 1844 bis in die Gegenwart wider. Die russisch-orthodoxe Kirche der hl. Elisabeth ist trotz der gewaltigen Verwerfungen von zwei Weltkriegen zum Wahrzeichen der Verbundenheit zwischen Deutschen und Russen aller Gesellschaftsschichten geworden und über drei Jahrhunderte geblieben. Diese Verbundenheit wird besonders anschaulich verkörpert in der Persönlichkeit des Erzbischofs Mark. Als gebürtiger Deutscher ist er hier in das höchste Amt der russischen Orthodoxie in Deutschland aufgestiegen und verbindet glaubwürdig beide Kulturkreise in seiner Person.

Die Geschichte hat gezeigt, dass Russen und Deutsche eine über Jahrhunderte dauernde Freundschaft verbindet. Sie wurde im 20. Jahrhundert durch zwei schreckliche Weltkriege unterbrochen. Zu hoffen ist, dass die weltlichen Mächte beider Nationen die in den letzten Jahrzehnten erfolgte Annäherung nachhaltig zum Wohle beider Völker weiter betreiben.

Die russische Kapelle – ein Hingucker seit 1855.
Wir entwickeln Hingucker seit 1996.

SEG
Stadtentwicklungsgesellschaft
Wiesbaden mbH

Wir entwickeln für Wiesbaden

Die Stadtentwicklungsgesellschaft ist der Komplettdienstleister für die Immobilienbranche der Landeshauptstadt

www.seg-wiesbaden.de

SEG Stadtentwicklungsgesellschaft Wiesbaden mbH

Konrad-Adenauer-Ring 11
65187 Wiesbaden

Telefon 0611 - 77 808-0
info@seg-wiesbaden.de

SILBERMEDAILLE

Im Jahre 1980 gab die Erich-Haub-Zais-Stiftung in Verbindung mit der Nassauischen Sparkasse eine Silbermedaille mit der Darstellung der Russischen Kirche und der Inschrift „Griechische Kapelle am Neroberg – Baumeister Philipp Hoffmann – Erbaut 1849–1855" heraus. Die Rückseite zeigt das Portrait des Namensgebers der Stiftung, des herzoglich-nassauischen Bauinspektors Christian Zais (1770–1820).

Es war die zweite der sechsteiligen Medaillenedition mit Motiven herausragender historischer Bauwerke in Wiesbaden, die als Teil einer Kampagne zur Popularisierung der Denkmalschutzidee realisiert wurde.

Die aus 1000/1000 Feinsilber geprägte Medaille, mit einem Durchmesser von 35 mm, wog 15 g. Die Auflage der von der Agentur R.u.L. Schumann gestalteten Münze betrug 500 Stück. Der Verkauf erfolgte zum Preis von 59 DM in allen Filialen der NASPA, wobei der Erlös teilweise der Erich-Haub-Zais-Stiftung zugute kam, die sich an den Kosten der Restaurierung beteiligte.

Фонд Erich-Haub-Zais-Stiftung и Nassauische Sparkasse с целью привлечения внимания к охране памятников в 1980 году выпустили серию памятных медалей с изображением исторических зданий в Висбадене. Одна из этих медалей была посвящена русской церкви.

BRIEFMARKE

Das nationale Baudenkmal findet auch in der Philatelie seinen würdigen Platz und sorgt damit als Wiesbadener Wahrzeichen für eine weitreichende Beachtung.

Die Türme der Russischen Kirche auf dem Neroberg mit ihren vergoldeten Kuppeln sind das Motiv einer Briefmarke aus der Dauerserie „Sehenswürdigkeiten" der Deutschen Bundespost. Von der Marke mit der Inschrift „Russische Kirche Wiesbaden" gibt es zwei Werte mit gleichem Motiv. Die Ausgabe aus dem Jahr 1991 zeigt den Wert von 170 Pf. (Abb.). In der Ausgabe von 1993 wird der Wert auf 41 Pfennige verändert.

Немецкой Федеральной почтой в серии «Важнейшие достопримечательности Германии» в 1991 и 1993 годах были выпущены почтовые марки с видом русской церкви в Висбадене.

SCHÜLERWETTBEWERB

Aus Anlass des zehnjährigen Bestehens der Erich-Haub-Zais-Stiftung für Denkmalpflege in Wiesbaden schrieben im Jahre 1985 der Stiftungsbeirat und der Stiftungsvorstand einen Mal- und Zeichenwettbewerb für Wiesbadener Schülerinnen und Schüler aus. Das Thema hieß „Mein schönstes Gebäude in Wiesbaden".

Aus rund 60 eingereichten Arbeiten ermittelte die Jury unter dem Vorsitz von Frau Helga Haub (Mitglied des Stiftungsbeirates und der Stifterfamilie) die Gewinner.

In der Altersgruppe I (bis 10 Jahre) gewann die neunjährige Nicole Radke von der Anton-Gruner-Schule mit ihrem Aquarellbild der Russischen Kirche (29x38 cm) den 1. Preis. Ausschlaggebend waren dabei der originelle Bildaufbau und die naiv-expressive Akzentuierung des Themas.

В 1985 году, к десятилетию основания фонда Erich-Haub-Zais-Stiftung, который занимается охраной памятников, был проведен конкурс рисунков учащихся школ Висбадена. Лучшей работой в группе до 10 лет был признан рисунок русской церкви, сделанный Николь Радке.

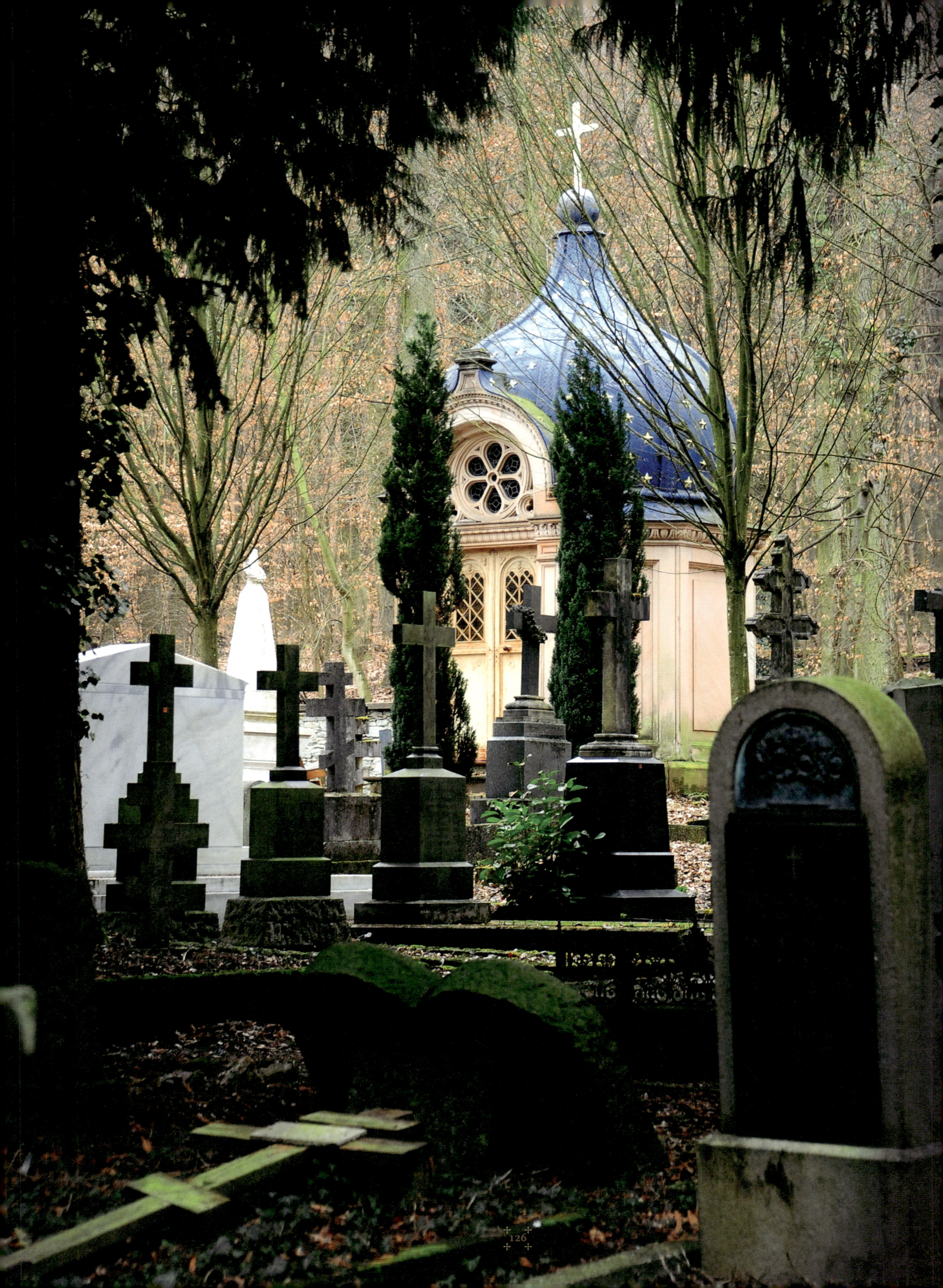

RUSSISCHER FRIEDHOF AUF DEM NEROBERG: EINLADUNG ZUM SPAZIERGANG

Marina Werschewskaja

Die Faszination des russischen Wiesbaden beruht nicht nur auf der russisch-orthodoxen Kirche der hl. Elisabeth, sondern bezieht sich auch auf den in unmittelbarer Nähe zur Kirche gelegenen russischen Friedhof. Er ist einer der ältesten in Westeuropa und der erste dieser Art in Deutschland.

Der Gedanke, einen russischen Friedhof anzulegen, ist ganz natürlich im Zusammenhang mit der Errichtung der Grabkirche der Großfürstin Elisaweta 1855 auf dem Neroberg entstanden. Wo sonst, wenn nicht neben der seinerzeit einzigen russisch-orthodoxen Kirche hätte man die ewige Heimstätte für diejenigen errichten sollen, für die eine Bestattung fern der Heimat vorbestimmt war.

Vor seiner Einrichtung sind Verstorbene auf örtlichen Friedhöfen beerdigt worden. Allerdings war es auf fremdem Boden nicht möglich, den für russisch-orthodoxe Gläubige gewohnten Abschiedsritus zu vollziehen. Gemäß den Worten des ersten Gemeindevorstehers der Wiesbadener Kirche Vater Ioann Basarow verbrachte man im Ausland am Todestag die Leiche des Verstorbenen nach Möglichkeit bei Dämmerlicht oder nachts heimlich auf einen Friedhof in die dortige Kapelle. Dabei gab es bei der Totenaufbahrung keine russisch-orthodoxe Atmosphäre, es waren weder Kerzen rund um den Sarg vorhanden noch wurden die Psalter gelesen, geschweige denn, dass irgendein Nahestehender sich am Sarg einfand. Die Kapelle war nachts verschlossen.

Im Vorteil waren reiche Erben, die sich die nicht unerheblichen Ausgaben leisten konnten, den Sarg mit der Leiche in die Heimat zu überführen, um sie dort in der Familiengruft zu bestatten. Gott bewahre Russen davor im Ausland zu sterben, rief Vater Ioann aus.

РУССКИЙ НЕКРОПОЛЬ НА НЕРОБЕРГЕ: ПРИГЛАШЕНИЕ К ПРОГУЛКЕ

Марина Вершевская

Неповторимое своеобразие мира «русского Висбадена» связано не только с православной церковью Святой Елисаветы. Вблизи храма-усыпальницы великой княгини Елизаветы Михайловны расположено одно из самых старых русских кладбищ в Западной Европе, первое в Германии.

До устройства специального некрополя скончавшихся православных хоронили на местных немецких кладбищах. Однако «на чужой стороне» невозможно было совершать привычный обряд прощания с усопшим. За границей, по словам отца Иоанна Базарова, первого настоятеля висбаденской церкви, в день кончины «тело покойника спроваживают, по возможности тайком, в сумерки или ночью, на кладбище в имеющуюся там часовню... При этом вокруг тела никакой православной обстановки, ни свечей вокруг гроба, ни чтения Псалтири, ни даже присутствия кого-либо из близких при гробе, так как часовня на ночь запирается». По преимуществу только богатые наследники могли позволить немалые расходы, чтобы гроб с покойным перевезти на родину. В общем, «не дай Бог русским умирать за границею!» – восклицал отец Иоанн.

История русского некрополя на Нероберге началась в августе 1856, на следующий год после освящения надгробного храма. Кладбище устроили на средства великой княгини Елены Павловны и российского Министерства иностранных дел на участке, относившемся к государственному имуществу герцогства Нассау. В декабре 1864 года кладбищенскую землю по купчей приобрел настоятель храма Иоанн Янышев. В 1873 году в поземельной книге Висбадена собственность была переоформлена «на российскую казну».

Кладбище живописно расположено на двух террасах горного склона. Его планировку в виде равноконечного креста разработал нассауский архитектор Филипп Хофман, строитель православной церкви. В 1861 году он же спроектировал в русском стиле небольшую кладбищенскую часовню.

Вдоль ограды, по периметру отдельных участков кладбища, Хофман наметил на плане места захоронений. В центре участков спланировал клумбы, предусмотрел посадку деревьев. Такой порядок сохранялся до притока эмигрантов первой волны в начале 1920-х годов. Именно тогда, из-за нехватки свободных мест, новые ряды могил появились вместо цветников. Со временем и этого стало недостаточно, в 1970-е годы кладбище значительно расширили с восточной стороны. Тем не менее позднейшие изменения существенно не нарушили его исторический облик.

Большинство могил сохранилось, утрачены лишь единичные памятники. В отличие от местных кладбищ на русском не упраздняли могилы по истечении определенного срока, поэтому на Нероберге можно увидеть редкие примеры мемориальной пластики середины XIX – начала XX века. Среди выполнявших надгробия были такие известные мастера, как Якоб Мойльдерманс из Висбадена, Иосиф и Фердинанд Леонгарды из Эльтвилля. Русские преимущественно относились к числу весьма состоятельных заказчиков, и немецкие скульпторы имели возможность создавать разнообразные памятники, которые имеют большую художественную ценность.

Русское кладбище в Висбадене по праву называют уникальным культурно-историческим памятником. Здесь покоятся более 800 человек – это представители нескольких поколений русского зарубежья. Почти треть погребений – могилы тех, кто умер за границей до революции 1917 года; остальные принадлежат эмигрантам первой и второй волны. Среди надгробий можно обнаружить памятники над прахом членов аристократических фамилий, видных военных и государственных деятелей, дипломатов, ученых, деятелей культуры и искусства. На новом участке кладбища возник некрополь иерархов Русской Православной церкви заграницей.

За словами каждой эпитафии – судьбы людей, свидетелей и участников важнейших событий XIX и XX веков, в чем нетрудно убедиться, стоит лишь внимательно прочесть эту своеобразную книгу памяти…

GESCHICHTE DES FRIEDHOFS

Die Geschichte des Friedhofs beginnt im August 1856, ein Jahr nach der Einweihung der Russischen Kirche. Er wurde eingerichtet mit Mitteln der Großfürstin Jelena Pawlowna und des Russischen Ministeriums für auswärtige Angelegenheiten auf Grundstücken, die im Staatsbesitz des Herzogtums Nassau waren. Im Dezember 1864 ging das Eigentum an diesen auf Priester Janyschew über, das er gewissermaßen treuhänderisch für die russische Kirche hielt. Im Jahr 1873 wurden sie laut Eintragung im Wiesbadener Grundbuch auf den Namen der russischen Regierung umgeschrieben.

Der Friedhof liegt malerisch auf zwei Terrassenebenen eines Hügels. Sein durchaus ungewöhnlicher Grundriss eines nach den vier Himmelsrichtungen ausgerichteten, gleichschenkeligen Kreuzes ist von Philipp Hoffmann, dem Architekten der Russischen Kirche, ausgearbeitet worden. Im Jahr 1861 hat er ebenfalls eine kleinere Friedhofskapelle mit einer blauen helmförmigen Kuppel, verziert mit goldenen Sternen entworfen. Die für ihre Errichtung erforderlichen Mittel trug die russische Gemeinschaft.

Entlang der Außenmauer auf der Grundstücksgrenze hatte Hoffmann die Grabstellen, im Zentrum Blumenbeete und Baumanpflanzungen anlegen lassen. Diese Anordnung ist bis zum Eintreffen der ersten Emigrationswelle Anfang der zwanziger Jahre erhalten geblieben. Eben zu jener Zeit sind mangels freier Grabstellen anstelle des Blumengartens neue entstanden. Nach einer gewissen Zeit waren auch diese belegt, so dass der Friedhof 1970 in östlicher Richtung erheblich erweitert wurde. Bemerkenswert ist, dass sämtliche späteren Veränderungen weder der ursprünglichen Anordnung noch dem historischen Gesamtbild des Friedhofs geschadet haben.

Abgesehen von einigen Grabdenkmälern sind die meisten erhalten geblieben. Im Unterschied zu deutschen Friedhöfen werden auf russischen Friedhöfen die Grabanlagen nicht nach einem gewissen Zeitraum entfernt. Deshalb ist die russische Totenstätte ein einzigartiges Beispiel für Grabdenkmäler aus der Zeit von der Mitte des 19. bis Anfang des 20. Jahrhunderts.

※ RUSSISCHER FRIEDHOF ※

Lageplan der Russischen Kirche und des Friedhofs, Ph. Hoffmann, 1860er Jahre ※ Общий план расположения православной церкви и русского кладбища в Висбадене. Ф. Хофман. 1860-е

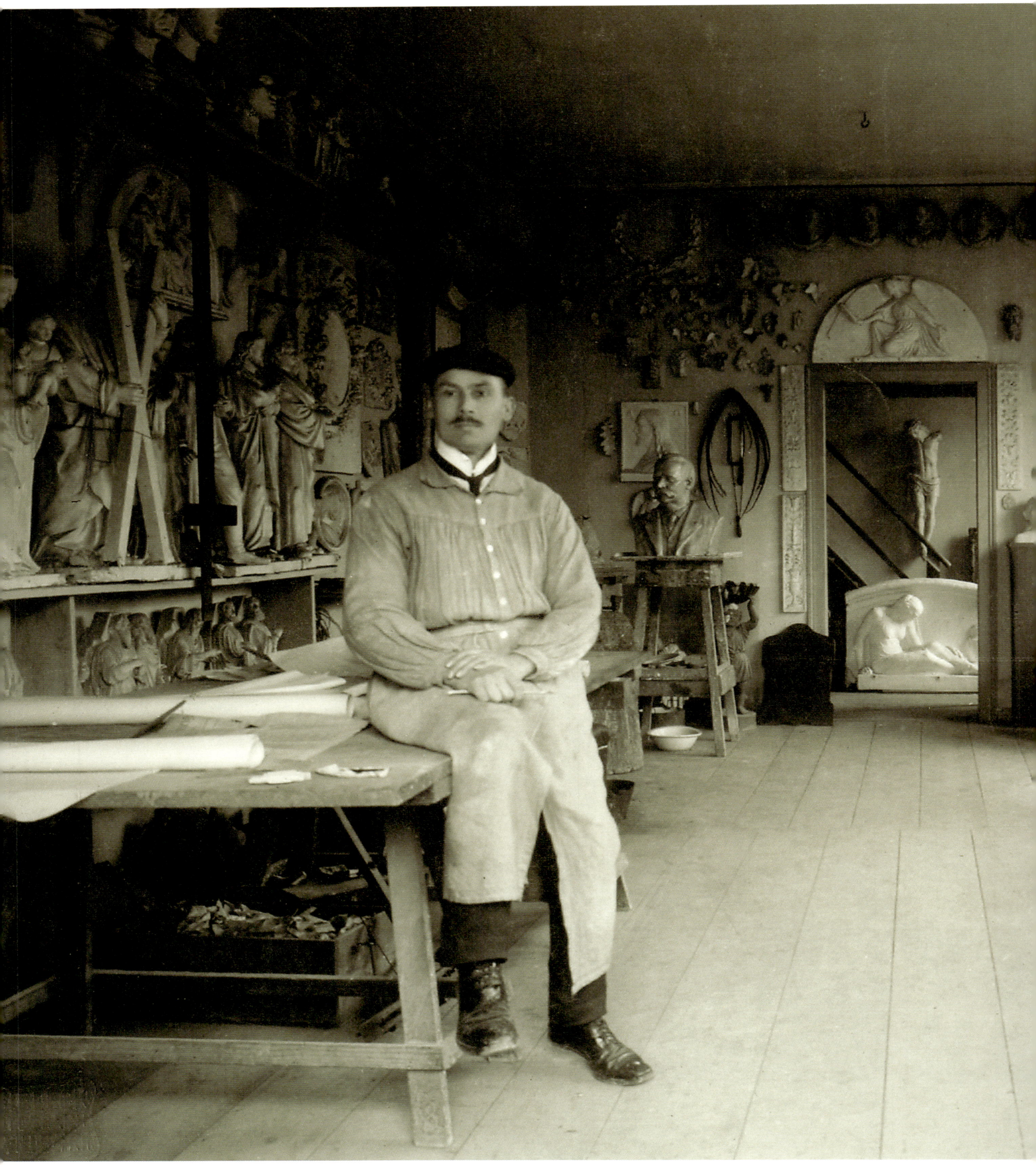

Werkstatt des Bildhauers F. Leonhard in Eltville am Rhein, Fotografie, um 1910
✹ *Мастерская скульптора Ф. Леонгарда в Эльтвилле. Фотография. 1910-е*

BEDEUTENDE DEUTSCHE BILDHAUER UND STEINMETZE

Aus der Reihe deutscher Meister, die Grabdenkmäler schufen, sind solch bekannte wie J. Meuldermanns aus Wiesbaden sowie J. und F. Leonhard aus Eltville zu erwähnen. Russische Auftraggeber gehörten vorwiegend sehr wohlhabenden Kreisen an, so dass deutsche Bildhauer und Steinmetze in die Lage versetzt wurden, für den Friedhof auf dem Neroberg vielseitige Grabdenkmäler von hohem künstlerischem Wert zu erschaffen.

In diesem Zusammenhang ist die Geschichte der Bildhauer-Dynastie der Familie Leonhard interessant. Sie war über 70 Jahre für die Russische Kirche und den Russischen Friedhof tätig. Der Marmormeister Johann Peter Leonhard wurde 1854 für die erfolgreiche Anfertigung des Musters einer Rosette aus Marmor, für die Bodenverzierung der Russischen Kirche mit der Medaille für nassauischen Gewerbefleiß und handwerkliches Können ausgezeichnet. Seine zwei Söhne ließ er von Emil Hopfgarten, dem anerkannten Schöpfer des Grabdenkmals der Großfürstin Elisaweta, ausbilden. Einer seiner Söhne, Joseph und sein Enkel Ferdinand haben bis zum Beginn des Ersten Weltkrieges in ihrer Werkstatt in Eltville, nahe Wiesbaden, viele Grabmäler für russische Auftraggeber gefertigt. Sie haben auch im Auftrag der Priester die Grabdenkmäler auf dem Friedhof gepflegt. Über diese unbekannten Geschehnisse hat der letzte Spross der Dynastie, Ferdinand Leonhard (1919–2009), anhand des Familienarchivs berichtet und damit leere Seiten in der Geschichtsschreibung der Russischen Kirche und des Russischen Friedhofs gefüllt.

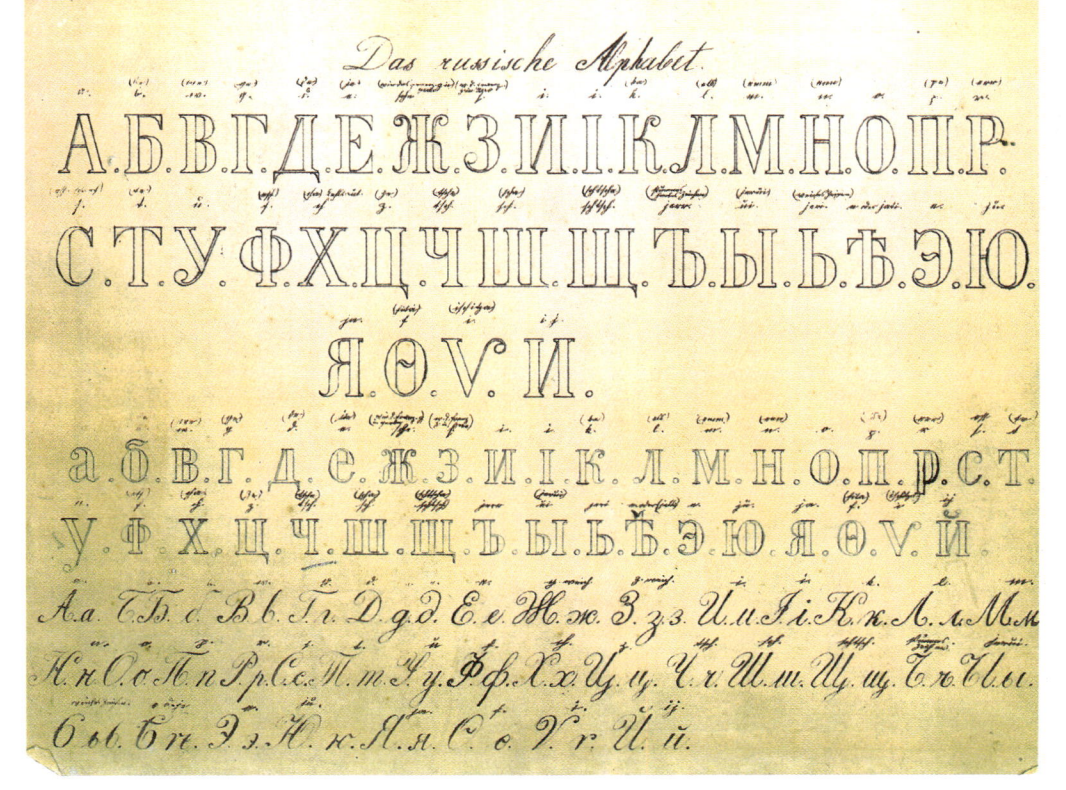

Russisches Alphabet, das die Bildhauer Leonhard für die Anfertigung der Grabmäler auf dem russischen Friedhof verwendet haben ✹ *«Русский алфавит». По этой таблице скульпторы Леонгарды изготавливали надписи на памятниках для русского кладбища*

⚜ *Werbung der Leonhard-Werkstatt, Anfang des 20. Jahrhunderts, die als Beleg der Gestaltungskunst auf die schönsten von ihr geschaffenen Grabmäler auf dem russischen Friedhof hinweist* ✵ Реклама мастерской Леонгардов начала XX века с упоминанием изготовленных ими памятников на русском кладбище как лучших образцов мемориальной скульптуры

Namhafte aus meinem Atelier hervorgegangenen Arbeiten:

Grabdenkmal für Se. Exc. Staatsrat von Grimm, (Familiendenkmal)
„ „ Graf von der Osten-Sacken.
„ „ Graf von Bouteneff.
„ „ die Mutter des kaiserl. russ. Staatsministers Graf von Murawjeff.
„ „ Probst von Tatschaloff.
„ „ Oberst von Latschinoff, (Familiendenkmal.)
„ „ die Gemahlin des kaiserl. russ. Ministers für Handel und Industrie Exc. von Timiriaseff, (Familiendenkmal.)

Sämtlich auf dem russ. Friedhof zu Wiesbaden.

Ferner die Familien-Denkmäler für Familie:
Mattheus Müller, Franz Müller, Kommerzienrat Bernhard Müller, Fritz Müller-Rau, Leonhard Adolf Herber u. s. w.
Sämtlich auf dem Friedhof zu Eltville.

Auf dem Friedhof zu Aachen 3 grosse Familien-Denkmäler.

Verschiedene Kriegerdenkmäler.

Baldachin über dem Hochaltar in der Mariahilfkirche zu Wiesbaden.

St. Andreas-Altar in der kath. Kirche zu Biebrich und viele andere bedeutende Arbeiten.

RHEIN. KUNSTDRUCKEREI FISCHER & KRÄMER G.M.B.H., ELTVILLE A. RH.

⚜ *Grabmal der Nadezhda Koptewa (1831–1906), Bildhauer F. Leonhard, Fotografie, um 1910* ✵ Надгробие Надежды Коптевой (1831–1906). Скульптор Ф. Леонгард. Фотография. 1910-е

⚜ *Grabmal des Erzpriesters Tatschaloff (1838–1890), Gemeindevorsteher der Russischen Kirche von 1867 bis 1887, Bildhauer I. Leonhard, Fotografie, um 1890* ✵ Надгробный памятник протоиерея Арсения Тачалова (1838–1890), настоятеля висбаденской церкви с 1867 по 1887 год. Скульптор И. Леонгард. Фотография. 1890-е

⚜ *Bildhauer F. Leonhard neben dem von seinem Vater J. Leonhard geschaffenen Grabmal des August Grimm (1805–1878), dem Erzieher der Kinder der Zaren Nikolaus I. und Alexander II., Fotografie um 1900* ✵ Скульптор Ф. Леонгард у надгробия, созданного И. Леонгардом на могиле Августа Гримма (1805–1878), воспитателя детей императоров Николая I и Александра II. Фотография. 1900-е

Grabmal der Charlotte von Haehne (gestorben 1912) und ihres Ehemannes Waldemar von Haehne, Diplomat (1832–1920), Bildhauer F. Leonhard ❋ *Надгробный памятник Шарлотты фон Гене (†1912); вместе с ней был похоронен ее муж дипломат Вольдемар фон Гене (1832–1920). Скульптор Ф. Леонгард*

Familienwappen der Fürstin Elisaweta Golizyna (1818–1860) auf dem Sarkophag aus Carrara-Marmor ❋ *Фамильный герб на саркофаге из каррарского мрамора на могиле княгини Елизаветы Голицыной (1818–1860)*

VERGANGENHEITSSPUREN

Mit Recht kann man den Friedhof auf dem Neroberg als einzigartiges kulturhistorisches Denkmal bezeichnen. Hier ruhen mehr als 800 Personen, Repräsentanten mehrerer Generationen des Russentums im Ausland. Fast ein Drittel der Grabstätten ist Toten zuzuordnen, die vor der Revolution von 1917 verstarben, die übrigen gehören Emigranten der ersten (postrevolutionären) und der zweiten (Nachkriegs-)Welle. Begraben sind Vertreter russischer Adelsgeschlechter, hochrangige Militärs sowie staatliche Würdenträger, Diplomaten und Personen, die ihre Spuren auf dem Gebiet der Wissenschaft, Kultur und Kunst hinterlassen haben. Jede Grabinschrift erzählt etwas über das Schicksal von Menschen, die den schwerwiegenden Ereignissen des 19. und 20. Jahrhunderts ausgeliefert waren. Um sich davon zu überzeugen muss man lediglich aufmerksam den in Stein gemeißelten Vergangenheitsspuren folgen.

Im ersten Jahrzehnt nach seiner Eröffnung ist der Russische Friedhof besonders dadurch gekennzeichnet, dass zur Bestattung auf dem Neroberg Tote russisch-orthodoxen Glaubens nicht nur aus Wiesbaden und den nahe gelegenen Städten, sondern auch aus anderen deutschen Ländern, aus Frankreich und der Schweiz gebracht wurden. Die Mehrzahl von ihnen waren junge Menschen, die in jener Zeit wegen der unheilbaren Tuberkulose zum Tode verurteilt waren.

Beim Gang über den Russischen Friedhof stellt man unschwer fest, dass viele Grabmäler Familien deutschen Ursprungs gewidmet sind.

Grabmal des Geheimrats Wassilij Karnejew (1801–1873), Fragment ❋ *Надгробие тайного советника Василия Карнеева (1801–1873). Фрагмент*

BALTENDEUTSCHE

Portrait der Julia Küchelbecker, (1795–1869), unbekannter Maler, um 1820 ❋ *Портрет Юлии Кюхельбекер (1795–1869), сестры декабриста литератора Вильгельма Кюхельбекера, лицейского друга Александра Пушкина. Неизвестный художник. 1820-е*

Während der Regierungszeit des Zaren Peter I., als die baltischen Staaten im Laufe des Nordischen Krieges in das Russische Imperium eingegliedert wurden, übernahmen viele Baltendeutsche führende Positionen am Hof, in der Armee und der Marine. Während der Reformen dieses Zaren wuchs die Zahl der aus dem Ausland, an erster Stelle aus deutschen Landen zugereisten Fachleute ständig. Mit dem Eintritt in russische Dienste erwarben viele ein neues Vaterland. Deshalb ist nicht verwunderlich, dass die in Wiesbaden bestatteten Balten überwiegend dieser Kirche angehörten, so zum Beispiel Baronin und Baron von der Pahlen, Baron Nikolai Korff und Elisaweta Köhler. Aber auch diejenigen, die ihren lutherischen Glauben beibehalten hatten, zogen es vor, in einem fremden Land zusammen mit ihren Landsleuten auf dem Russischen Friedhof die letzte Ruhe zu finden.

Einen eindrucksvollen Beleg für diese Entwicklung liefert der Lebensweg von Julia Küchelbecker. Ihr Vater Karl Heinrich Küchelbecker, geboren Ende des 18. Jahrhunderts in Sachsen, studierte gleichzeitig mit Goethe an der Leipziger Universität. Später siedelte er nach St. Petersburg um und trat in den Dienst des Zaren Paul I. Seine zwei Söhne sind in Russland geboren und aufgewachsen. Der älteste Sohn Wilhelm, Absolvent des privilegierten, sehr prestigeträchtigen Lyzeums von Zarskoje Selo, wurde ein bekannter Schriftsteller. „Durch meinen Vater und meine Mutter war ich ein ausgemachter Deutscher, jedoch ist meine Muttersprache Russisch!", schrieb Wilhelm einmal. Als Russin fühlte sich auch seine Schwester Julia Karlowna (1795–1869). Sie unterstütze den Bruder, nachdem er 1825 wegen Teilnahme am Dekabristenaufstand, einem Protest junger Adliger gegen das Alleinherrschertum, nach Sibirien verbannt wurde. Weil sie mittellos war, lebte sie nach 1830 als Begleiterin einer wohlhabenden russischen Dame im Ausland und starb in Paris. Kurz vor ihrem Tode äußerte Julia Küchelbecker, obwohl lutherischen Glaubens, den Wunsch, auf dem Russischen Friedhof in Wiesbaden bestattet zu werden.

Wegen der Vielzahl herausragender russischer Persönlichkeiten unterschiedlicher sozialer Schichten, die auf dem Friedhof auf dem Neroberg begraben sind, können hier lediglich beispielhaft einzelne Repräsentanten aus unterschiedlichen sozialen Schichten und Berufsgruppen vorgestellt werden.

Blick auf den Ostteil des Friedhofs: Im Vordergrund befindet sich das Grabmal des durchlauchtigsten Fürsten G. Jurjewskij und seiner Schwester Gräfin O. von Merenberg; im Hintergrund das Mosaik-Grabmal der Fürstin W. Butera di Radali und rechts neben dem Weg das weiße Marmorkreuz auf dem Grab von J. Küchelbecker ❋ *Общий вид восточного участка кладбища; на первом плане могила светлейшего князя Г. Юрьевского и его сестры графини О. Меренберг – детей императора Александра II от морганатического брака с фрейлиной княжной Е. Долгоруковой; вдали мозаичный памятник княгини В. Бутера ди Радали, справа от дорожки – белый мраморный крест на могиле Ю. Кюхельбекер*

Portrait der Gräfin Olga Merenberg, geb. durchlauchtigste Fürstin Jurjewskaja (1873–1925), Malerin O. Hasselmann, 1917
※ *Портрет графини Ольги Меренберг, урожденной светлейшей княжны Юрьевской (1873–1925). О. Хассельман. 1917*

HOCHADEL

Aus den Reihen des Hochadels fanden auf dem Neroberg ihre letzte Ruhe zwei Kinder des Zaren Alexander II. aus seiner zweiten morganatischen Ehe mit Fürstin Jekaterina Dolgorukowa: der durchlauchtigste Fürst Georgij Alexandrowitsch Jurjewskij (1872–1913) und die durchlauchtigste Fürstin Olga Alexandrowna Jurjewskaja (1873–1925). Nach dem tödlichen Attentat durch Terroristen am 1. März 1881 auf diesen Zaren begab sich seine Gemahlin mit ihren Kindern ins Ausland und starb 1922 in Nizza. Fürst Georgij, erzogen in Paris, setzte seine Ausbildung in Russland fort und diente später bei verschiedenen Regimentern des Zaren. Mit 35 Jahren schied er aus dem Dienst aus und ging ins Ausland. Er starb 1913 in Marburg und wurde auf dem Russischen Friedhof beigesetzt. In Wiesbaden lebte seine Schwester Olga, die mit Graf Georg Nikolaus von Merenberg verheiratet war und 1925 starb. Nikolaus von Merenberg war der Sohn von Prinz Nikolaus Wilhelm von Nassau und seiner Gemahlin Gräfin Natalija von Merenberg, Tochter des Dichters Alexander Puschkin.

Ein sehenswertes Grabmal ist das der Fürstin Warwara Butera di Radali, geborene Fürstin Schachowskaja (1796–1870). Sie war sehr vermögend und einflussreich. In Mosaik gefertigt stellt das Grabmal in Lebensgröße die Gottesmutter mit Kind auf goldenem Hintergrund dar. Es ist das einzige Grabmal auf dem russischen Friedhof, das im Auftrag der Kinder der Verstorbenen, Pjotr und Andrej Schuwalow, in St. Petersburg von der Kaiserlichen Kunstakademie geschaffen und nach Wiesbaden gebracht wurde. Nach ihrem Tod sind auch die Gebeine ihres zweiten Ehemannes, Graf Adolph Polier, von Petersburg nach Wiesbaden in das Familiengrab überführt worden. Hier ist auch ihre Enkelin Gräfin Elisaweta Andrejewna Woronzowa-Daschkowa (1845–1924) bestattet.

Grabmal von Fürstin Warwara Butera di Radali (1796–1870), auf der Sockeltafel Inschrift ihrer Enkelin Gräfin Elisaweta Woronzowa-Daschkowa (1845–1924) ※ *Памятник на могиле княгини Варвары Бутера ди Радали, урожденной княжны Шаховской (1796–1870); под мозаикой – эпитафия ее внучки графини Елизаветы Воронцовой-Дашковой (1845–1924). Мозаичное панно выполнено в 1873 году в мастерской Академии Художеств в Петербурге*

HOCHRANGIGE MILITÄRS

Hohe obeliskartige Grabmäler aus weißem Marmor, verziert mit Attributen aus dem Waffenarsenal, künden von Gräbern hochrangiger Militärs. Ein Teil von ihnen waren Teilnehmer der Kriege gegen Napoleon, ein anderer Teil hatte im Krimkrieg gekämpft. Genannt seien Generalmajor Carl Friedrich von der Osten (1795–1878), Generalmajor Friedrich Christian Ewald von Kleist (1793–1871) und Generalmajor Magnus Johann Grotenhelm (1789–1867). Von der Osten soll zu seinen Lebzeiten, so wird erzählt, bei dem Bildhauer-meister Meuldermanns ein obeliskartiges pompöses Monument mit seinem Bildnis aus teurem Carrara-Marmor bestellt haben. Als die Grube zur Errichtung dieses Grabmals ausgehoben war, stieg er in sie hinab und leerte zur Einweihung eine Flasche Champagner.

BEKANNTE DIPLOMATEN

Zu den bekannten Diplomaten, die das Russische Reich Ende des 19. und Anfang des 20. Jahrhunderts im Ausland vertreten haben, zählen u.a. Nikolai Dmitrijewitsch Glinka (1838–1884), er war am Ende seiner Laufbahn Generalkonsul in Frankfurt am Main. Geheimrat Kyrill Wassiljewitsch Struve (1835–1907), Angehöriger des russischen Ministeriums für auswärtige Angelegenheiten, der seinen Lebensabend in der Nähe seiner Tochter am Rhein verbrachte. Diese war mit einem von Mumm aus der Familie der bekannten gleichnamigen Sektkellerei verheiratet. Ihre Vermählung fand seinerzeit in der Russischen Kirche statt.

← *Grabmal des Generalleutnants Konstantin Dietrichs (1812–1874), Bildhauer J. Meuldermanns, 1877* ✳ Надгробие генерал-лейтенанта Константина Дитерикса (1812–1874). Скульптор Я. Мойльдерманс. 1877

Büste des Generalleutnants Maxim (Magnus) Grotenhelm (1789–1867), Bildhauer J. Meuldermanns ✳ Бюст генерал-лейтенанта Максима Гротенгельма (1789–1867) на надгробном памятнике. Скульптор Я. Мойльдерманс

Grabmal des Generalmajors Baron Karl Friedrich von der Osten (1795–1878), Bildhauer J. Meuldermanns, 1871, Fragment ✳ Надгробие генерал-майора барона Карла Фридриха фон дер Остена (1795–1878). Скульптор Я. Мойльдерманс. 1871. Фрагмент

ANGESEHENE WISSENSCHAFTLER UND KÜNSTLER

Bekannte russische Wissenschaftler und Künstler sind auf dem Russischen Friedhof begraben. Aus der Reihe der Wissenschaftler ist Iwan Iwanowitsch Janzhul (1846–1914) anzuführen. Er war angesehener Professor der Volkswirtschaft der Moskauer Universität und Mitglied der Akademie der Wissenschaften. Er hielt Gastvorlesungen an den Universitäten von Heidelberg und Leipzig. In die Geschichte der russischen Volkswirtschaft ist er als großer Vertreter des staatlichen Sozialismus eingegangen. Bekannt ist auch seine Untersuchung „Bismarck und der staatliche Sozialismus". Er kam zur ärztlichen Behandlung nach Deutschland und konnte wegen seines Gesundheitszustandes nicht ausreisen, obwohl der Erste Weltkrieg begonnen hatte. So verstarb er 1914 in einem Wiesbadener Hotel. Allerdings hat er wegen der Kriegsgeschehnisse kein Grabmal erhalten.

Genannt sei der große, vielseitige Architekt Nikolai Wladimirowitsch Sultanow (1850–1908). Er beteiligte sich nicht nur an großen Bauprojekten wie der Peter-und-Paul-Hofkirche in Peterhof, der Ikonostase in der Verkündigungskathedrale in Moskau und vielen anderen, sondern verfasste auch Werke zur Architekturgeschichte, Restaurationstheorie und -praxis und hielt Vorlesungen. 1908 hielt er sich in Wiesbaden zur Kur auf und verschied unerwartet am 2. September. Seinem Wunsche entsprechend wurde er auf dem Russischen Friedhof beigesetzt.

Ganz besondere Beachtung wird in Wiesbaden dem Maler Alexej von Jawlensky (1864–1941) zuteil. In St. Petersburg beginnt sein Lebensweg und führt ihn über München nach Wiesbaden, wo er sich von 1921 an ständig aufhielt. Er war Mitglied bedeutender Künstlervereinigungen u.a. zusammen mit Paul Klee, Wassily Kandinsky, Gabriele Münter und Marianne von Werefkin. Das Museum Wiesbaden unterhält eine ständige Ausstellung seiner Werke.

Nikolai Sultanow (1850–1908), Fotografie, um 1900 ✵ *Николай Султанов (1850–1908), известный архитектор, директор Института гражданских инженеров в Петербурге, историк архитектуры. Фотография. 1900-е*

Alexej von Jawlensky in seiner Werkstatt ✵ *Алексей Явленский (1864–1941), знаменитый художник-экспрессионист. В 1921 поселился в Висбадене, где прожил до своей кончины. Здесь находится самое крупное музейное собрание его произведений*

Grabmal von Alexej von Jawlensky und seiner Frau E. Nesnakomoff ✵ *Надгробие А. Явленского и его жены Е. Незнакомовой*

↞ *Holzkreuz auf dem Grabmal des Alexander Gülich (1866–1942), Kaufmann der 1. Petersburger Kaufmannsgilde und Inhaber der Firma „Hieler, Gülich & Co"* ✷ *Деревянный крест на могиле петербургского купца первой гильдии, владельца фирмы "Hieler, Gülich & C°" Александра Гюлиха (1866–1942)*

↑ *Holzkreuz auf dem Grabmal des Oberst Iwan Dobrowolskij (1882–1947)* ✷ *Деревянный крест на могиле полковника Ивана Добровольского (1882–1947)*

EMIGRANTEN

Auch die Jahre nach den Weltkriegen haben ihre Spuren auf dem Russischen Friedhof hinterlassen. Anfang der zwanziger Jahre fanden hier russische Emigranten ihre letzte Ruhestätte. Die geschichtliche Entwicklung spiegelt sich auf dem Friedhof in den einfachen Holzkreuzen auf den Gräbern der Flüchtlinge wider. Die Verstorbenen hat die Furcht, das Leben in der Fremde, die Erinnerung an die Vergangenheit in Russland und das Bestreben, sie zu erhalten, verbunden. Genannt seien einige Beispiele.

Eine graue Granittafel ist beschriftet mit Generalmajor Fürst Viktor Sergejewitsch Kotschubeij (1860–1923). Aufgrund seiner hohen Stellung führte er im Jahr 1912 den Schriftverkehr, der zum Erwerb der Kirche auf dem Neroberg durch den russischen Staat führte.

Daneben ist Nikolai Ewgenjewitsch Markow (1866–1945) begraben. Er gehörte dem Führungskreis der rechten Partei an und blieb auch in der Emigration politisch sichtbar.

Graf Boris Scheremetjew (1872–1945) und seine Ehefrau Gräfin Margarete (1880–1872), Fotografien auf dem Grabmal ✷ *Граф Борис Шереметев (1872–1945) и его супруга графиня Маргарете (1880–1872). Фотографии на надгробном памятнике*

Erzpriester Leonid, Graf Ignatiew (1911–1974), tatkräftiger Geistlicher der russischen Auslandskirche; war von 1951 bis 1974 Gemeindevorsteher der Kirche in Frankfurt am Main (die aufgrund seiner Initiative und der von W. Goratschek, durch Spenden finanziert, errichtet wurde) und Bad Homburg, Fotografie, um 1970 ✼ Протоиерей Леонид, граф Игнатьев (1911–1974), известный церковный деятель русского зарубежья. С 1951 по 1974 исполнял обязанности настоятеля церкви во Франкфурте-на-Майне (средства на ее строительство были собраны благодаря самому о. Леониду и В. Горачеку) и храма в Бад-Гомбурге. Фотография. Начало 1970-х

Fürst Viktor Kotschubeij (1860–1923) im Bojarenkostüm des 17. Jahrhunderts auf einem Kostümball im Winterpalast 1903 ✼ Князь Виктор Кочубей (1860–1923), генерал-лейтенант, генерал-адъютант; занимая должность начальника Главного управления уделов Министерства императорского двора, вел переписку о приобретении храма Святой Елисаветы в Висбадене русским правительством в 1912 году. Фотография на костюмированном балу 1903 года в Зимнем дворце

Im neunzigsten Lebensjahr verstarb Fjodor Andrejewitsch Seest (1855–1945), berühmter Gourmetkoch am Zarenhof. In Wiesbaden hatte er ein Bierlokal unterhalten.

Wladimir Anatolijewitsch Baron von der Pahlen (1880–1963) war vor der russischen Revolution Kornett des Leibgarderegiments zu Pferd und später im Außenministerium tätig. Er beherrschte 13 Sprachen und war in der Emigration als Übersetzer tätig.

Bestattet sind auf dem Friedhof führende Erzpriester wie Pawel Adamantoff (1871–1960), die lange Jahre in der Russischen Kirche dienten und höchste geistliche Würdenträger der russischen Auslandskirche in Deutschland. So sind auf dem neuen Teil des Friedhofs begraben: Metropolit Serafim von Berlin und Deutschland (1883–1950), Erzbischof Filofej von Berlin und Deutschland (1905–1986), Erzbischof Nafanail von Wien und Österreich (1906–1986) und andere.

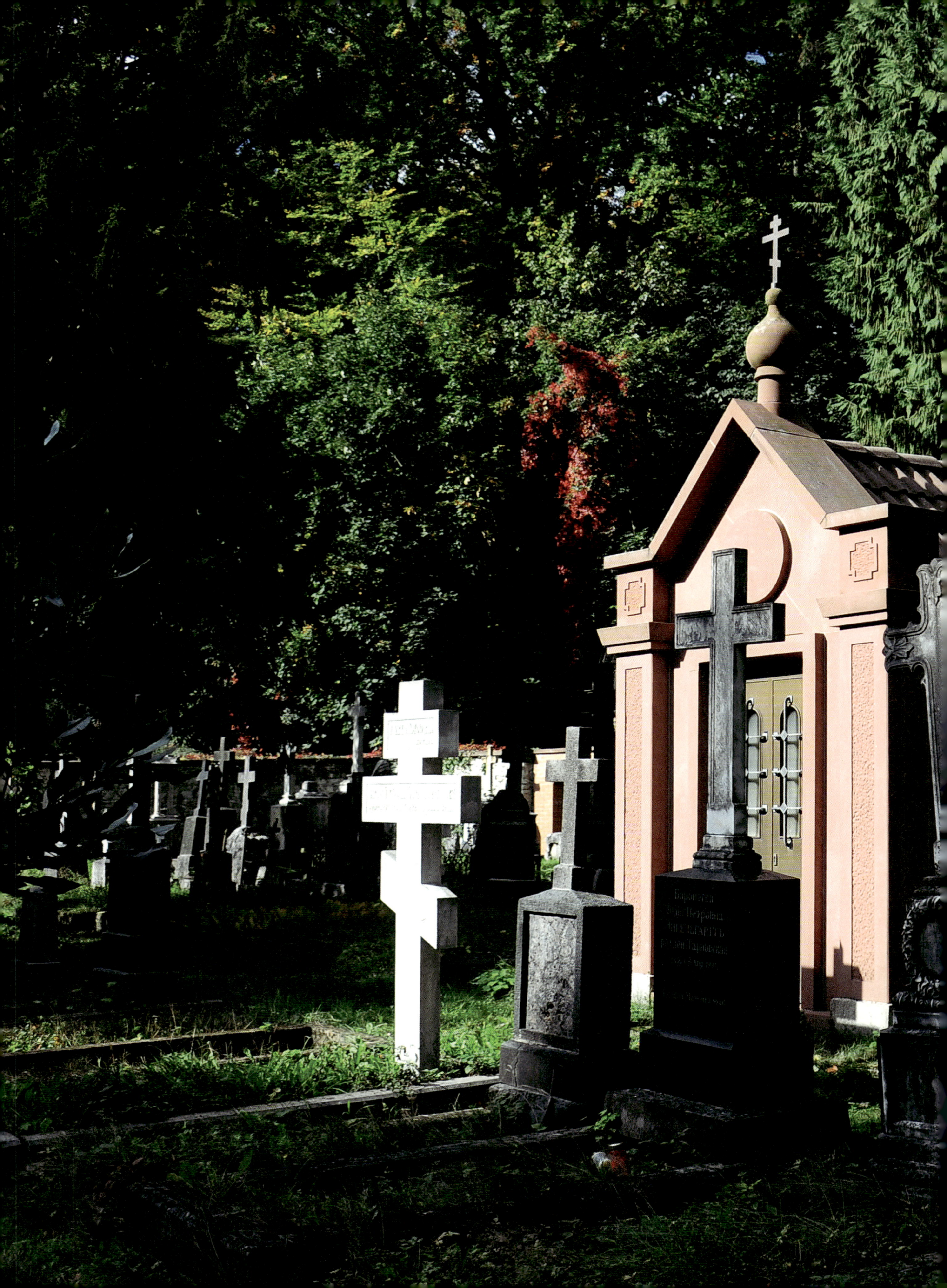

FAZIT

Der russische Friedhof auf dem Neroberg spiegelt in eindrucksvoller Weise die Geschichte des Kirchenlebens der Russischen Kirche seit ihrer Einweihung bis in die heutige Zeit wider.

Die Lebenswege und Schicksale der Bestatteten bezeugen die gewaltigen und gewaltsamen Veränderungen der Welt auf allen Lebensgebieten der letzten drei Jahrhunderte und zeigen gleichzeitig auf, dass die Russische Kirche in Wiesbaden ein Wahrzeichen der Verbundenheit ist.

Besuch des russischen Friedhofs anlässlich des 7. Petersburger Dialogs im Oktober 2007 (von links nach rechts): Lothar de Maizière (deutscher Leiter des Lenkungsausschusses), Oberbürgermeister Dr. Helmut Müller und Michail Gorbatschow (russischer Leiter des Lenkungsausschusses) ❋ *В октябре 2007 года, во время работы в Висбадене 7-го российско-немецкого Форума «Петербургский диалог», русское кладбище посетили руководители Координационных комитетов с немецкой и российской сторон Лотар де Мезьер и Михаил Горбачев и обербургомистр Висбадена д-р Хельмут Мюллер (в центре)*

DR. ALEXANDER DE FARIA E CASTRO

ist zweisprachig deutsch-russisch aufgewachsen, russischer Abstammung mit namhaften Vorfahren des Hochadels am Zarenhof (wie den Fürsten Subow, Golizyn, Lwow u. a.), seit 1952 Gemeindemitglied der Russischen Kirche in Wiesbaden. Er ist Rechtsanwalt und Notar a. D. in Wiesbaden, Namensgeber der internationalen Wirtschaftskanzlei „de faria & partner", gegenwärtig als Unternehmensberater tätig.
Seit 1995 ist er offizieller Repräsentant der russischen Regierung für Privatisierungsfragen in der EU und in Deutschland. Seit 2003 ist er Erster Vorsitzender des HERUS e. V.

Д-Р АЛЕКСАНДР ДЕ ФАРИА Э КАСТРО

С детства владеет русским и немецким языками; среди его предков – служившие при царском дворе представители известных дворянских родов: князья Зубовы, Голицыны, Львовы и другие; с 1952 года член прихода русской церкви в Висбадене.
По профессии адвокат и нотариус, создатель международной адвокатуры „de faria & partner"; сегодня – советник предпринимателей.
С 1995 года официальный представитель Российского правительства в Европейском сообществе и Германии по вопросам приватизации.
С 2003 года – первый председатель общества HERUS e. V.

MARINA WERSCHEWSKAJA

Historikerin, lebt und arbeitet in St. Petersburg. Gegenstand ihrer Forschung ist die Geschichte Russlands im 19. Jahrhundert. Kuratorin von Ausstellungen zur Geschichte St. Petersburgs sowie der Bewegung der Dekabristen.
Seit Mitte der 1990er Jahre forscht sie, zunächst im Rahmen des vom Petersburger Kulturfonds initiierten Programms „Russische Friedhöfe im Ausland", über die Geschichte der Russen im Ausland. Im Jahr 2007 ist ihr Buch über die Russische Kirche der hl. Elisabeth und den Friedhof auf dem Neroberg mit dem Titel „Gräber erzählen Geschichte" in deutscher Sprache erschienen.

МАРИНА ВЕРШЕВСКАЯ

Историк, живет и работает в Петербурге. Тематика исследований связана с историей России XIX века. Автор научных статей, сценариев телевизионных и радиопередач. Создатель выставок и экспозиций по истории Санкт-Петербурга и декабристского движения.
С середины 1990-х годов, первоначально в рамках программы «Русский зарубежный некрополь» Петербургского Фонда культуры, занимается исследованием истории русских за рубежом. В Висбадене в 2007 году на немецком языке вышла ее книга о русской церкви Святой Елисаветы и русском кладбище на Нероберге – «Gräber erzählen Geschichte».

ALEXANDER VON RINTELEN

Theologe, Historiker, selbständig, Sekretär des HERUS e.V., wohnhaft in Wiesbaden. Er ist der Urenkel von Prinz Nikolaus von Nassau, Ururenkel des Zaren Alexander II. und Nachkomme von Alexander Puschkin. Er hat sich in seinem Buch „Die Nassauer zu Wiesbaden", Wiesbaden 2007 (zurzeit vergriffen) bereits mit dem Thema nassauische Geschichte auseinandergesetzt.

АЛЕКСАНДР ФОН РИНТЕЛЕН

Теолог, историк, секретарь гессенско-российского общества по культурным связям HERUS. Проживает в Висбадене. Праправнук принца Николауса фон Нассау, прапраправнук императора Александра II, потомок А. С. Пушкина.
Занимаясь изучением истории Нассау, опубликовал по этой теме свою работу «Висбаденские Нассау» (Висбаден. 2007)

MICHAEL LEBED

Michael Lebed, in Leningrad geboren, war 16 Jahre lang in dem berühmten Studio Nr. 1 (heute Karl-Bulla-Fotostudio/Museum) tätig, zuletzt als dessen Leiter. Seit 1991 lebt er in Wiesbaden und arbeitet als freischaffender Fotograf im eigenen Studio.
Seine Fotografierkunst ist in jedem Genre zu Hause und mehrfach in Ausstellungen gewürdigt worden.

МИХАИЛ ЛЕБЕДЬ

Родился в Ленинграде и более 16 лет работал фотографом в известной «Фотографии № 1» (теперь Фотосалон имени Карла Буллы). Последнее время перед отъездом в Германию был директором этого фотоателье. С 1991 года живет в Висбадене.
Свободный фотограф, руководит фотостудией, организует выставки, издает книги и фотоальбомы.

CLOTILDE VON RINTELEN

Niedergelassene Psychotherapeutin in Wiesbaden. Nachfahrin des Zaren Alexander II. von Russland und Ururenkelin von Alexander Puschkin. Vorsitzende der Deutschen Puschkin-Gesellschaft und 2. Vorsitzende des HERUS e. V., Trägerin des russischen I. N. Pirogow-Ordens mit Schärpe „Für Verdienste bei der Festigung der Freundschaft zwischen den Völkern und wegen ihres großen persönlichen Einsatzes bei der Bewahrung und Entwicklung der russischen Kultur im Ausland".

КЛОТИЛЬДА ФОН РИНТЕЛЕН

Врач-психотерапевт, практикующий в Висбадене. Потомок императора Александра II и праправнучка А. С. Пушкина. Председатель Пушкинского общества в Германии и второй председатель общества HERUS e.V. За заслуги в укреплении дружбы между народами и большой личный вклад в сохранение и развитие русской культуры за рубежом в 2008 году награждена орденом Н. И. Пирогова. Инициатор выпуска альбома о русской церкви в Висбадене.

PROF. DIPL.-ING. ARCHITEKT SIEGBERT SATTLER

Studium an der TH München. 1983 Stv. Leiter des Staatsbauamtes Wiesbaden. Verantwortlicher Projektleiter von Baumaßnahmen, u. a. Instandsetzung Kloster Eberbach, Landesvertretung Hessen in Berlin, Aeroporto Militare Decimomannu auf Sardinien.
Seit 1983 Lehrbeauftragter, später Honorarprofessor für Kunst- und Kulturgeschichte an der heutigen Hochschule Geisenheim University. Veröffentlichungen zu den Themen „Lebenswerk von Philipp Hoffmann" und „Russische Kirche in Wiesbaden". Lebt in St. Goarshausen.

ПРОФ. ЗИГБЕРТ ЗАТТЛЕР

Дипломированный инженер и архитектор. Учился в Техническом университете в Мюнхене. С 1983 года – заместитель руководителя Государственного строительного ведомства Висбадена. Руководил планированием и проведением ряда строительных мероприятий на таких объектах, как представительство земли Гессен в Берлине и военный аэропорт на Сардинии, реставрацией монастыря Эбербах. С 1983 – преподаватель, затем профессор кафедры искусства и истории культуры Высшей школы Гайсенхайм. Опубликовал работы о творческом пути Филиппа Хофмана и о русской церкви в Висбадене. Живет в Санкт-Гоарсхаузене.

EDGAR HEYDOCK

Dipl.-Ing. Architekt und Stadtplaner. Studium an der TH Darmstadt. Ltd. Baudirektor i. R., Mitarbeiter von Professor Ernst May in Hamburg, Mainz und Wiesbaden. 1967–1996 Leiter des Stadtplanungsamtes der Landeshauptstadt Wiesbaden. Fachberatung staatl. Institutionen in Afrika, Asien und Südamerika. Vorträge und Vorlesungen an verschiedenen Hochschulen im In- und Ausland. Lehrtätigkeit an der Universität Stellenbosch, Republik Südafrika. Publikationen in Fachzeitschriften und anderen Organen. Lebt in Schlangenbad.

ЭДГАР ХАЙДОК

Дипломированный инженер, архитектор и градостроитель. Учился в Техническом университете в Дармштадте. Сотрудник бюро профессора Эрнста Мая в Гамбурге, Майнце и Висбадене, затем главный директор по строительству в Висбадене, с 1967 по 1996 – руководитель Ведомства по градостроительству столицы Земли Гессен – города Висбаден.
Консультант государственных ведомств в Африке, Азии и Южной Америке. Читал лекции в разных университетах в Германии и за рубежом. Преподавал в университете Штеленбош, Южная Африка. Имеет публикации в научных журналах и других изданиях. Живет в Шлангенбаде.

ARCHIVE UND SAMMLUNGEN   АРХИВЫ И РУКОПИСНЫЕ СОБРАНИЯ

- Archiv der Außenpolitik des Russischen Reiches, Moskau
  ✷ Архив внешней политики Российской империи, Москва

- Archiv der Kirche der Heiligen Elisabeth, Wiesbaden
  ✷ Приходской архив Русской православной церкви в Висбадене

- Handschriftensammlung der Russischen Nationalbibliothek, St. Petersburg ✷ Отдел рукописей Российской национальной библиотеки, Санкт-Петербург

- Handschriftensammlung der Russischen Staatsbibliothek, Moskau ✷ Отдел рукописей Российской государственной библиотеки, Москва

- Hessisches Hauptstaatsarchiv, Wiesbaden ✷ Гессенский главный государственный архив, Висбаден

- Landesmuseum Wiesbaden, Sammlung Nassauischer Altertümer ✷ Музей Висбадена, Собрание нассауских древностей

- Privatarchiv der Nachfahren Philipp Hoffmanns ✷ Частный архив наследников Филиппа Хофмана

- Privatsammlung Detlev Schaller, Wiesbaden ✷ Частное собрание Детлева Шалера, Висбаден

- Stadtarchiv, Wiesbaden ✷ Городской архив Висбадена

- Russisches Staatliches Historisches Archiv, St. Petersburg
  ✷ Российский государственный исторический архив, Санкт-Петербург

- Zentrales Staatliches Historisches Archiv, St. Petersburg
  ✷ Центральный государственный исторический архив Санкт-Петербурга

LITERATUR   ЛИТЕРАТУРА

- Even, Pierre. Dynastie Luxemburg-Nassau. Luxemburg. 2000

- Fink, Otto. Nassauische Hauspostille. Anekdoten und Geschichten. Wiesbaden. 1984

- Jena, Detlef. Die russischen Zaren in Lebensbildern. Graz. Wien. Köln. 1996

- Russische Beziehungen zu Wiesbaden und Darmstadt. Schriften des Stadtarchivs Wiesbaden. Band 10. Wiesbaden. 2007

- Sattler, Siegbert. Die Griechische Kapelle auf dem Neroberg, 1846–1855 //Arbeitshefte des Hessischen Landesamtes für Denkmalpflege. Philipp Hoffmann. Wiesbaden. 2007. S. 132–150

- Werschewskaja, Marina. Iz istorii russkogo hrama i kladbišča v Wiesbadene. Nevskii arhiv. Istoriko-kraevedčeskij sbornik. №.4. SPb. 1999 ✷ Вершевская М. В. Из истории русского храма и кладбища в Висбадене // Невский архив. Историко-краеведческий сборник. Вып. 4. СПб. 1999

- Werschewskaja, Marina. Gräber erzählen Geschichte. Die russisch-orthodoxe Kirche der hl. Elisabeth und ihr Friedhof in Wiesbaden. Wiesbaden. 2007 ✷ Вершевская М. В. Могилы рассказывают историю. Русская православная церковь Святой Елисаветы и русское кладбище в Висбадене. СПб. 2008 (приложение текста на русском языке к немецкому изданию)